ヨシダ、裸でアフリカをゆく

ヨシダナギ

扶桑社

はじめに

本書は、私ヨシダナギが、アフリカに初めて渡った2009年から書き溜めたブログに加筆修正を加えたものになります。フォトグラファーとして活動するよりはるか前、アフリカに憧れたひとりの人間として、アフリカのカッコよさを、自分ではない誰かに伝えられたらと思い書き始めたブログです。

今とはずいぶんアフリカとの付き合い方や写真の撮り方が違ったりしますが、大好きなアフリカと、ときにぶつかりながら、ときに爆笑しながら、過ごした5年間のとっておきのエピソードをまとめています（まとめる上で、ちょっとだけ時系列が変わっている部分もあります）。また、興奮状態で書いたものもあるので、読みにくい部分もあるかと思いますが、どうかご勘弁くださいませ。

貧困、エイズ、内戦というような外から見たものではない、生のアフリカのいいところ、悪いところを楽しみながら、うーんと唸りながら知っていただける内容になっているので、ぜひ一緒に笑って泣いてくれたらと思います。

目次

目次

装丁　寄藤文平 ＋ 阿津侑三（文平銀座）
校正　牟田都子（栞社校正室）
プロデュース協力 キミノマサノリ（ヨシダ製作委員会）
使用フォント　やまフォント
編集　小村琢磨（スナメリ舎）
　　　大久保かおり（扶桑社）

01

エチオピア1

2009年11月→

国名:エチオピア連邦民主共和国

首都:アディスアベバ

面積:109万7,000㎢(日本の約3倍)

人口:約9,696万人(2014年)

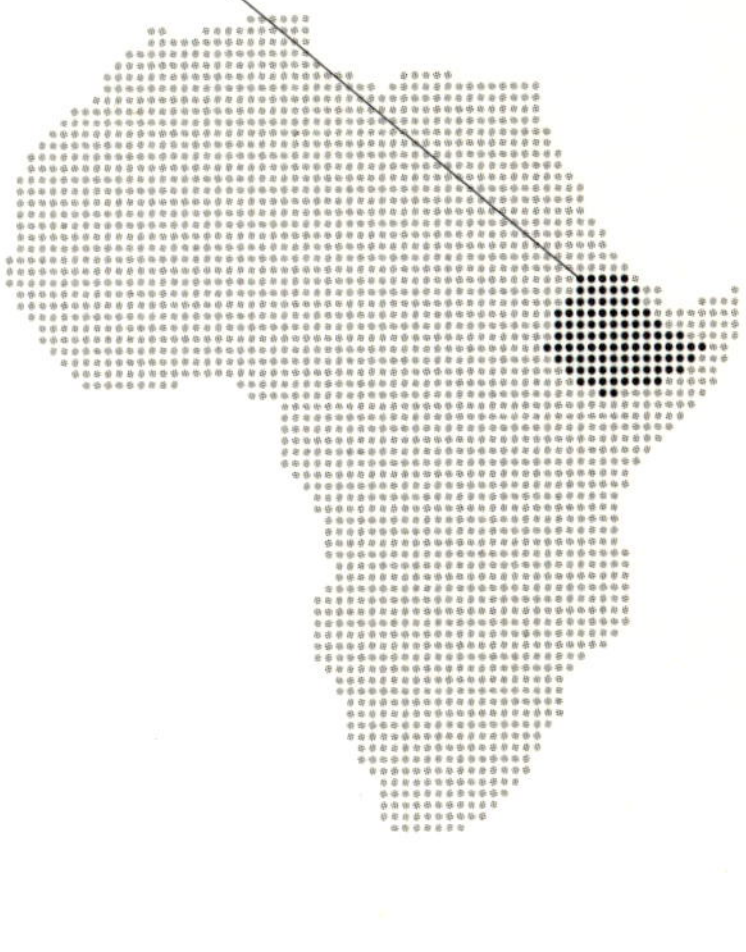

アフリカ人なのに、
どこか控えめだったり照れ屋だったり
日本人っぽい。
主食の酸っぱいインジェラが強敵。

将来の夢は、アフリカ人

私がアフリカ人（とくに少数民族）に興味を持つキッカケとなったのは、5歳のときにテレビで見たマサイ族だった。当時の私は、自分が日本人だということも知らなければ、マサイ族が遠く離れた国の人たちだなんて思ってもいなかった。ただ純粋に、原色の民族衣装を着こなすキレイな黒い肌の彼らが、すさまじくカッコよく見えた。

（こんなカッコイイ格好してヤリを持ってとび跳ねる仕事なんて、超カッコイイ！）

（将来、この人たちと同じ格好して、一緒にとび跳ねて暮らすんだ）

そんな感じで、私はマサイ族というものが職業のひとつだと思っていて、いつか大きくなったら、区役所の人間が肌の色を変えられるボタンでも持って訪問してくるものだと勝手に思い込んでは、その日をまだかまだかと待ちこがれていた。

が、10歳のころに「いつ私の肌の色は変わるの？」と母親に尋ねたとき、「アンタは日本人なの。アンタが好きなのは遠い国のアフリカ人なの。アンタは、あーいうふうにはなれないの！」と、なんとも悲しい現実を突きつけられて、この世の終わりじゃないかってくらい絶望したのを、今でもハッキリ覚えている。

〝アフリカ人になる〟という夢を打ち砕かれてからは、〝せめて、憧れの彼らに会いにいきたい〟という思いに変わっていった。そのあいだ、私が「アフリカ人はカッコイイ」「アフリカはすごい魅力的」と話をしても、誰ひとり共感してくれなかった。むしろ「なぜ、アフリカなの?」と、みんな口を揃えて聞いてくる。「貧困や飢餓、内戦、HIVなんてネガティヴなことしかない国の何がいいんだ!?」と、否定され続けた。

なぜ、アフリカに行ったこともない人がそんな悲しいことばかり言うのだろうか。本当にそんな悲しいことばかりの大陸だったら、アフリカ人のあの太陽のような笑顔は絶対に存在していないはずだ。私自身もまだアフリカには行ったことがなかったけれど、周りが言うほどアフリカは悲しい国でも貧しい国でもないと信じていた。だから、それを自分の目で確かめるために、2009年、ついに私は憧れのアフリカに足を踏み入れた。

国境を越えた一発芸

私が初のアフリカ旅行の地として選んだのは、エチオピア。

この国はほとんど他国に支配されたことがない。それもあってか、近代文明からかけ離れた暮らしを送っている少数民族の文化が、今も数多く現存している。だから初めてのアフリカは、1回の渡航で、できるだけたくさんの少数民族に会えるであろうこの国を選んだ。

日本出発からエチオピア到着までは、けっしてスムーズとは言えなかったけれど、なんとか無事に現地の空港で、ガイドのベイユーと合流することができた。しかし、問題はここからだった。

「アンタは日本人なんだから、英語なんて勉強しなくていい！　日本語だけはシッカリ勉強しなさい」という母の偏った教えを鵜呑《うの》みにしていた私は、英語がまったくしゃべれない。辛うじて、「Hello!」と「I'm fine!」と、「Hungry」「Sleepy」が言えるくらいのスキルしかなかった。

そんな乏しい語学力では、日本語がまったく話せない外国人のベイユーとの会話なんて、はずむわけがなかった。聞いたことのない英単語は、音楽の授業中に強制的に聞かされたクラシックミュージックと同じくらい退屈で眠くなる。まいった。

しかし、私以上に困っていたのはベイユーだった。彼もまさかここまで英語がわからないヤツが、ひとりでアフリカに来るとは思っていなかったのだろう。気まずい空気に、（日本に帰りたいかも……）と思う私に追い打ちをかけるかのごとく、「ナギ、しゃべって！　なんでもいいから！」と無表情で無慈悲な言葉を吐くベイユー。

（英語がしゃべれたら、とっくにしゃべってるわ！）と、心の中で日本語でシャウトしつつも、30分くらい私は沈黙を守り続けた。気まずい雰囲気が続く中で、ベイユーから「ごはん食べるから、車降りて」と指示があったが、こんな気まずい状況でごはんを食べたって、食った気がしないだろうなと、食べ始める前から気持ちは萎《な》えた。

ガイドのベイユー

私はもちろん、ごはん中も無言を貫いた。

そんな私にしびれをきらしたベイユーは「いいかげん、しゃべろうよ」と、追い打ちをかけてきた。

(もー!　無理だって!　何をしゃべっていいかわからないし、それ以前に英語がしゃべれないんだって!)

あまりの気まずい雰囲気にせっぱつまってしまった私は何を思ったのか、唯一自分ができる顔真似のひとつを無言でベイユーに披露した。すると、その顔を見たベイユーが「ナギ!　おまえ、すっんげぇ面白いヤツじゃんかよー!」と、腹を抱えて笑いはじめた。無論ベイユーは、私が顔真似をした人物のことなんぞ、知るはずもない。

生涯初の〝宜保愛子〟の顔真似が、国境を飛び越えた瞬間だった。

コーヒーセレモニー

あの顔真似を披露してから、ベイユーが私に積極的に笑顔で話しかけてくれるようになった。もちろん、私は英語で話しかけられても、ほぼわからない。だから、彼は身振り手振りで語りかけてくる。それでも私が理解できないときは、私が持参していた電子辞書にすかさず単語を打ち込んで意思疎通を試みてくれる。そして、ベイユーはほんの少しの英語を話しただけでも、とにかく私のことをほめてくれた。

毎朝ベイユーは、ボノボ（ピグミーチンパンジー）の英語理解レベルをもはるかに下回っている私に「ナギ、おはよう！　昨夜はよく眠れたかい？」と、ねんねのポーズをしながら話しかけてくれる。しゃべれないなりに私が「グッドモーニング！」「イエス！」と、言葉を発すると、彼はそれだけで「ナギ！　おまえ、英語しゃべれるようになったじゃんか！」「今のパーフェクト！」と、大げさなほどにほめちぎってくれた。そう、彼はこの短期間のうちに、私の扱い方をマスターしていたのだ。〝コイツはほめられて伸びる単純なタイプ〟だと。だから、とりあえず、ほめてほめてほめちぎっていこうと思ったのだろう。

そんな感じで、ベイユーの「ナギ、今日は9時間ドライブ！　大丈夫？」という車の運転のジェスチャーとともに始まったエチオピア2日目の朝。

彼は今日も順調に私をほめちぎってくれた。ベイユーが口にする簡単な英単語を、私がオウム返しするだけで彼は大喜びしてくれる。だから、退屈なはずの長距離ドライブも楽しかった。

そんな低レベルな会話とも呼べない会話をしながら車で4時間ほど走ったころだろうか……。いきなりベイユーが「コーヒー飲みたくない？」と、車を停めて、私を導いた先は田舎町の小さな民家風の建物だった。

（おー、これがエチオピアのカフェなのか）

中に入ると、ひとりのおばさんが私を見るなり、目の前で豆を煎《い》るという作業からコーヒーをて

ADDIS DECOR
ARADA BUSINESS CENTER
TOYOTA

DIRE PRINTING S.C
Twins Computers
SANTOS
GORGEOUS
NEW OPTICS

アディスアベバ

いねいに淹《い》れはじめてくれた。「ナギ、これはコーヒーセレモニーっていうんだよ」と、ベイユーから説明してもらった後に、おばさんが淹れてくれたコーヒーを飲んだのだけど、少しザラザラした舌触りはありながらも、とても濃くておいしいコーヒーだった。

そして、ベイユーはコーヒーを1杯飲み終えると、すぐに外に出ていってしまった。

(私、置いていかれた!? ってか、アイツ、おばさんにコーヒー代払ってないじゃん!)

飲み逃げは絶対にしてはならないと思った私は、とりあえず、外にいるベイユーをつかまえて「マネー! マネー!」と、おばさんのほうを指さした。ベイユーは少し頭をかしげて考えた後、笑いながら「ナギ、大丈夫。心配すんな」と言う。

いやいや、飲み逃げしておいて心配すんなとはおかしな話だ。私は「マネー!」を連呼した。ベイユーは私の肩に手を置いて「ナギ、落ちつけ。今、コーヒーを飲んだ場所はお店じゃない。だから飲み逃げじゃない。ちなみに、あのおばさんも今日初めて知り合った人ね」と。

いろいろと突っ込みどころ満載だったのだが、私には掘り下げて聞けるほどの語学力はなかった。ただ、あまりにもズケズケと家に入っていったもんだから、お店なのかと思い込んでしまった。もしくは顔なじみなのかと思った。だって、もし私だったら、いきなり知らない人が家に訪問してきたとしても、絶対にあのおばさんのように時間をかけてコーヒーを淹れることなんてできやしない。むしろ「なんなんだ、コイツら」って思うに違いない。

でも、ベイユー曰《いわ》く「これがエチオピアのおもてなし」。これが本当にエチオピア人のおもてなしならば、彼らは本当に心が豊かだ。そうでなければ、絶対にこんなおもてなしはできないと私は感じた。

子供嫌い、あっさり克服

少数民族に会いにエチオピアに来たはいいものの、少数民族の集落があるエリアまでは、首都から片道2日半もかかる。簡単に会えると思っていたけど、会うまでの道のりは意外と長い。彼らの集落までまだだいぶ距離があったのだが、ベイユー曰く、今日は木曜市というものがあるらしい。そこには、いろんな民族が毎週集まってくるらしく、そこに行けば私の会いたい少数民族にひと足早く会うことができるというのだ。これは行くしかない。私のテンションはちょっぴり上がった。

期待していた木曜市に着いた瞬間、私はがく然とした。

（ダメだ、人が多過ぎる……）

日本でひきこもりの生活を送っていた私は、人があまり得意ではない。人ごみなんて、もってのほかだ。吐き気がする。初めて見る少数民族に感動するはずが、あまりの人の多さにまさかのめまいがした。そんな気分が最悪の中、突然、スッと誰かに手を掴《つか》まれた。手元を見ると、現地の小さな女の子だった。

（どうしよう……私、子供苦手なんだよな……）

私は人付き合いが苦手だ。それ以上に、苦手としているものが〝子供〟だった。自慢じゃないが、これまでの人生で一度たりとも子供を見てかわいいと思ったことがない。だから親戚の子供だろうと、抱っこしたこともない。そんな母性本能が欠落している私は、女の子に突然手を握られても、どうしたらいいのかわからず動揺してしまった。

でも、その子は私と目が合うなり、白い歯を見せてニッコリ笑った。私が反応に困って、ひきつりながら歩き出しても彼女は私の手を放さずに、ちょこちょことついてくる。掴まれた手を振り払うのも感じ悪いし、だからと言って、どうしていいかもわからなかった私は、とりあえず彼女のことを気にせずに歩いた。5分くらい歩いたあたりだろうか。手に重みを感じた。静かに視線を手に向けると、私の両手は5人の子供に握られていたのだ。

「ナギ！　子だくさんじゃんか！」と、ベイユーは笑っていた。

普段の私ならきっと（たまったもんじゃない……）と、思っていたと思う。だけど、初めて子供への不快感が消えた瞬間だった。少しも愛想を振りまかない私に対しても、彼らはただ楽しそうに、私の手を放すまいと必死にちょこちょことついてくる。そして、その5人は私と目が合うたびに、白い歯をむき出してはまぶしい笑顔をむけてくる。

気がつくと、彼らはベイユーに代わって木曜市を案内してくれていた。そんな彼らの姿を見て、初めて（もしかしたら、子供って本当はかわいい生き物なのかもしれない……）と、思った。

ヨシダ、アフリカの地で、まさかの子供嫌いを克服してしまった。

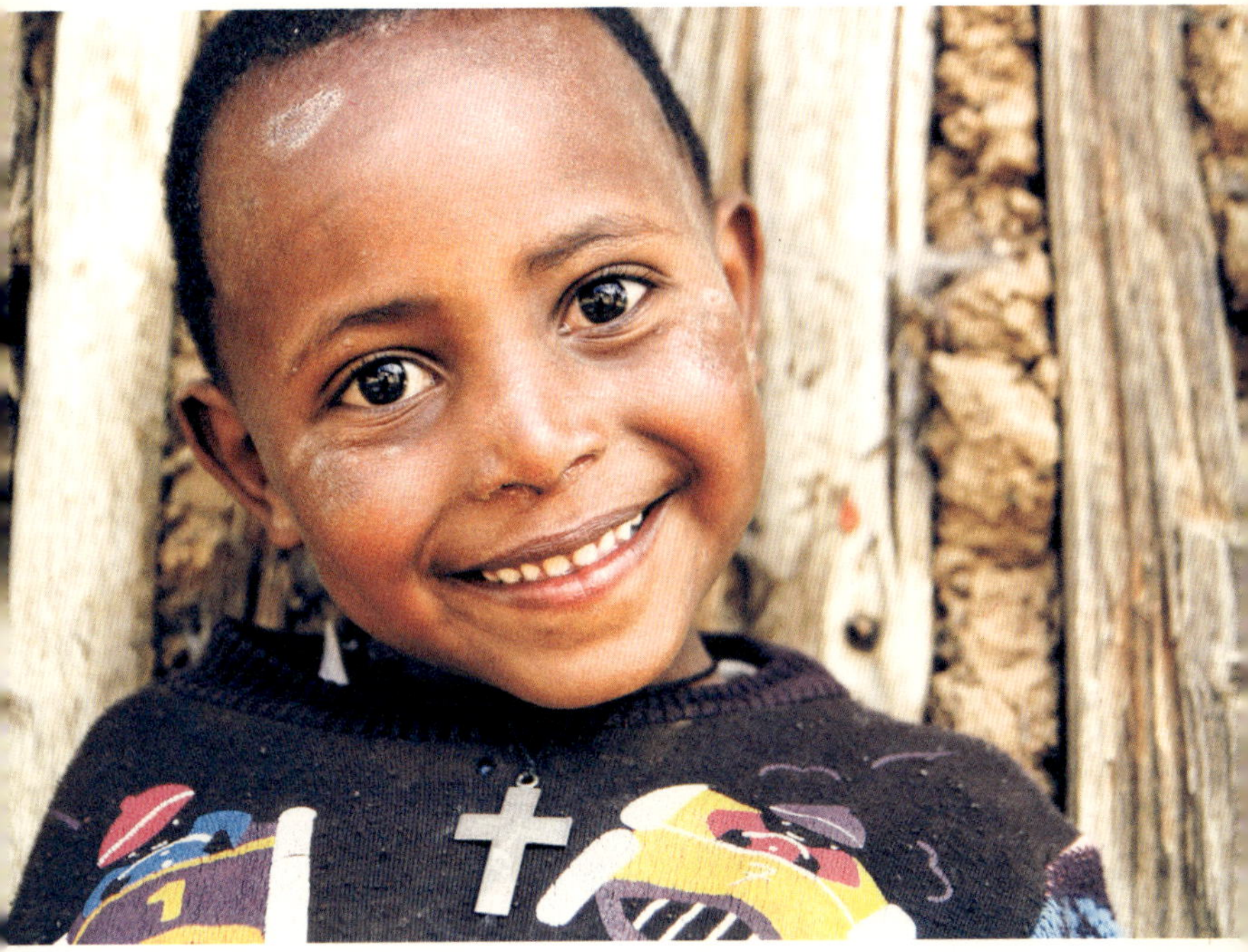

エチオピアの少年

ビジネスライクなヤツら

木曜市では、あまりの人の多さにめまいはするし、少数民族よりも現地の子供に目がいってしまって、あれだけ会いたかったはずの彼らを目の前にしたのにコレ！　といった印象が実は残っていない……。でも、気を落とすことはない。エチオピア3日目からは少数民族の村訪問が続くので、ここから思うぞんぶん、彼らとの時間を過ごせばいい。私はそう思っていた。

私が一番最初に訪問したのは、ムルシ族の集落だった。

ムルシ族の女性は下唇を切ってプレートをはめていて、その奇抜な見た目が非常に有名な戦闘民族。私は彼らに会うことを、今回の旅の一番の楽しみにしていた。そしてきっと彼らは、遠い国から来た私をウエルカムな雰囲気で迎えてくれるものだとなぜか思い込んでいて、無邪気にワクワクしていた。

だけど、現実はそんなに甘くはなかった。

ムルシ族の男性は私を見つけるなり、頭のてっぺんから足の爪先まで鋭い目でなめるように見ていた。その目は、まるで私が敵か無害かを見きわめる獣のようだった。基本的に私には、雷と注射、オバケ以外怖いものはないと思っていたのに、あのムルシ族の目は怖かった。

彼らにとって私が無害だとわかると、次々にムルシ族の女性たちが近寄ってきた。

（おっ、歓迎の舞でも始まるのか!?）と、思えば、彼らの第一声は「5ブル！」「10ブル！」（※1ブルは日本円で約6円）と、まるでセリのようなものだった。

エチオピアにかぎらず、アフリカ人（おもに少数民族）を撮影するときはお金がかかるというのは、ガイドのベイユーからも聞いていたが、まさか、初っ端《しょぱな》からお金の話になるとは思ってもいなかった。ベイユーに「写真撮りたい人を選んで」と促されるがままに、唇に大きなプレートをはめたフォトジェニックな女性たちを数人選んだ。が、私がカメラを構えても、彼らはただ普通に「早く撮れよ、バカ」と言いたそうな顔で突っ立っているだけ。私の目の前に立った彼らは、私の撮りたい凛とした表情ではなかったが、それを伝える術もなかった私は黙ってシャッターを切った。

3枚ほどシャッターを切ったとき、モデルの女性の眉間にしわが寄り出した。そして5枚目のシャッターを切った瞬間「それ以上撮るんじゃねー！　追加料金払え、クソッタレ！」と言わんばかりの形相で私に近寄ってきては延々と文句をたれ、ベイユーがそのつど、なだめていた。

ムルシ族にかぎらず、ハマル族もカロ族もエルボレ族も、この後に私がエチオピアで会った少数民族にとって、私のような観光客というのは、数少ない現金収入源でしかない。だから、彼らとしてはとっとと写真を撮って、とっとと帰ってほしいのだ。そんなビジネスライクな彼らとも仲よくなれる方法が私にはわかっていたのに、それをベイユーに伝える術がなくて、とにかく悔しい思いをした。

そして、もうひとつ悔しかったことがある。ムルシ族の女の子がつけていた大きな革と鉄のアクセサリーがとてつもなくカッコよかった。だからベイユーに「アレが欲しい」と指さして交渉してもらったが、女の子に「ヤダ」のひとことで片づけられてしまった。彼女たちは私の腕からアクセサリーを力ずくで奪っていったのに、私のおねだりはこれっぽっちも聞いちゃくれなかった。私がもっと英語をしゃべれたら「しつこく交渉して」とベイユーに言えたはずなのに、自分の語学力の乏しさを改めて恨んだ。

そんなこんなで、憧れの少数民族との初対面は、何か正直不発で終わった感が否《いな》めなかった。だけど、私はベイユーという気さくなガイドのおかげで英語が話せなくてもひとりでアフリカに行けたという自信がついたし、町のエチオピア人がみんな陽気でフレンドリーな人たちだったから、どうってことのないエチオピアでの日々が、私にとってはすごく刺激的で楽しかった。

無知であることの恐ろしさ

私が２００９年の12月に帰国してからも、ガイドのベイユーは頻繁にメールをくれた。最初は英文のメールを見るたびに吐き気や頭痛がしたが、それでもあきらめずにウェブの翻訳サイトを使っては、ベイユーのメールを解読していた。そしてどんなにベイユーが変わった話題を綴《つづ》ってくれても「私は元気だよ！　また遊びに行くときは、連絡するからね」といったつまらない内容の短い

ムルシ族の女性

メールを返していた。だって、慣れない英文作るのがしんどかったんだもん。

そんなある日、ベイユーからのメールにこんなことが綴られていた。

「次はいつエチオピアに来るの？　前回みたいに日本の旅行会社を通してアフリカに来ようとしたら、莫大な金額がかかっちゃうけど、もうナギは僕と友達だから最低限の費用で大丈夫だよ。航空券だけ用意して、あとは少しのお金で大丈夫だから、気軽に遊びにおいでよ」と。

（航空券代と少しのお金で大丈夫なの!?　なら、ちょっとお金貯めたら行けるじゃん！）

私はこの言葉を鵜呑みにして、初めてのエチオピア訪問から5カ月後、2度目のエチオピア訪問を果たした。


空港に着くと、ベイユーはちゃっちいバラの花束を抱えて「ん？　私たちは恋人だったっけ？」という錯覚に陥るほどの熱いハグで、私を出迎えてくれた。ひさしぶりの再会の挨拶をすませた後、私は「帰りの便は1カ月後！　少しのお金で大丈夫って言ってたから500ドルしか持ってきてないんだけど大丈夫だよね？」とだけ伝えた。ベイユーは一瞬「本気でおまえは500ドルで1カ月も旅行しようとしてるのか!?」と言いたそうな表情を浮かべたのだが、そこはデキるやさしいガイド。「わかった。500ドルだといいホテルにも泊まれないし、移動手段も公共バスとかになるけどいいよね？　あと、お金のかかる南部にも行けないから、行先は全部僕に任せてね」と。もともと、予定を立てるのは得意じゃないし、事前に行きたいところを調べて来たわけでもない私は、今回の滞在先はすべてベイユーに委《ゆだ》ねることにした。

そして、ベイユーから提案された先は、彼の故郷でもある北部のゴンダールだった。そこは彼の家族や友人がたくさんいるから、そんなにお金を使わずに滞在できるという話だった。首都のアディスアベバにいるとお金がかかってしまうため、さっそく、私たちは長距離バスのチケットセンターに行き、翌朝発の切符を手に入れた。

アディスアベバからゴンダールまでは、バスで約2日間の道のり。経由地のバハルダールですら、アディスアベバから12時間もかかる。でも、私にとって車での長距離移動というのは、全然つらくはない。私は車の中ならいくらでも眠れる人間なので、車に黙って10分も乗っていたらコクリと眠りに落ちてしまう。だから、バハルダールまでガッツリ寝てやろうと思っていた。

しかし、私がコクリと眠りに落ちるたびにベイユーに「ナギ！　寝るなって！　何もしゃべらないから眠くなるんだろ!?　なんかしゃべってよ！　ナギのことなんでもいいから話してよ」と、半ばキレ気味に起こされる。なんでもいいからと言われても、私は前回同様、ほぼ英語をしゃべることができないのに、いったい何をベラベラとしゃべれというのだろうか……。

とりあえず、持ってきていた電子辞書をベイユーに渡して、〝おまえが私に聞きたいことを打ち込んでくれ〟と、静かに目で訴えかけた。きっと「好きな色は何色？」「好きな動物は何？」とか、かわいらしくも、どうでもいい質問をされるんだろうなと構えていたのだが、ベイユーが電子辞書に打ち込んできた単語を見て私は驚いた。

“国技”って……!!!

私はベイユーから国技という単語を打ち込まれるこの瞬間まで、英単語はおろか、国技という日本語すら知らなかった。これが勉強をまともにせず、中2で学校をドロップアウトした人間の学力である。私が黙って首を横に振ると、ベイユーは驚いた顔をしながら「オッケー……。ネクスト!」と言いながら次の単語を打ち始めた。ビビりながら辞書をのぞくと、そこには〝国鳥〟という単語があった……。

(なんだ、国鳥って……!)

私がまた黙って首を横に振ると、ベイユーは無言で電子辞書を閉じた。

そして私は自分の無知をひとり嘆いた。

ホクロと日焼けで大騒ぎ

前日は、私の無知さかげんにベイユーがあきれてしまい、とたんに彼の口数が減ってしまったのだが、彼も、私と同じくらい非常にシンプルな人間なので、ひと晩寝ればいつもどおりの陽気なベイユーに戻っていた。一緒に朝食を食べていたとき、ベイユーの手が突然止まった。そして、私の顔を思いっきりのぞきこんで、目を見開きながら「なんてこった!」と、大騒ぎし始めたのだ。い

ムルシ族の少女

ったい、何ごとかと私がポケーっとしていると、ベイユーは「昨日まではこんなのなかったのに……どうして、こうなっちゃったんだ……」と、私の顔を見ながら嘆き始めた。

いったい、自分の身に何が起きているのかわからなかった私は、おそるおそるカバンから鏡を出して自分の顔をのぞきこんだ。が、そこに映っていたのは、なんの変哲もないスッピンの私自身の顔だった。私が鏡をしまおうとすると、ベイユーは「ここを見ろ！」と、私の顔にあるホクロを指さして言った。私が辞書で〝ホクロ〟という単語をひいて見せても、ベイユーは「昨日まではなかった！」と、引き下がらなかった。

私は、冷静に今までは化粧でホクロが隠れていただけだということを説明したのだが、どんなに説明しても聞く耳を持とうとしない。「そんなもん、今まで一度も見たことがない」などと言い始めた。どうやらベイユーはホクロというものを理解していない様子だった。

それもそのはず。彼らアフリカ人にも、ホクロのひとつやふたつはあるはずなのだが、肌が黒いせいでホクロが目立たないのだ。だから、私はベイユーの顔にあるホクロを指さして「コレと同じ！」と訴えかけた。だけど「ナギのほうが黒いの目立つし、これは絶対何かの病気だ！　今すぐ病院へ行こう」と、とにかくしつこい。しつこ過ぎる。

ベイユーは、自分がこう！　と思うと、とにかく折れない。彼がこうなってしまった場合は私が何を言っても無駄なので、私はひたすら電子辞書を彼から遠ざけ、彼のことを無視しつづけることで乗りきった。

それから、2週間後。今度は私の肌が日焼けで皮がむけ始めたのを見て「ホスピタル！　ホスピタル！」と、ベイユーが大騒ぎし始めた。「あのね、これは病気じゃないんだよ。日焼けすると、私たちは皮がむけるんだよ」と、どんなに説明しても「僕は皮がむけたこともないし、そうやって皮がむけてる外国人見たことない」と、彼は必死になって言い返してくる。

こうやって大騒ぎされるたびにめんどくさいなーとは思ってしまうけれども、ベイユーがこうやって大騒ぎしなければアフリカ人はもともと肌が黒いから日焼けして皮がむけることはないなんて考えもしなかった。だから、少し面白いな、なんて思ったりもした。そりゃ、そういう人たちからしたら、日焼けでチョット肌が黒くなったくらいで皮がむけちゃう私たちの肌は衝撃的だろうなーと。

飲む泥水

私がもともと「エチオピアの普通の家庭が見てみたい」と言っていたこともあり、ゴンダールに着いてからは、ベイユーが「ここなら食事代もかからないから」と言っては何度も自分の実家に招待してくれた。

ベイユーは9人姉弟で、初めて彼の家にお邪魔したときは、ベイユーと同じ顔をした人がたくさんいて驚いたくらいだ。ベイユーの家族は顔も似ていたが、性格も彼と似ていて、とにかく世話好きでやさしかった。けっして裕福ではないはずなのに、たくさんのごはんを振る舞ってくれた。そして、ベイユーのママは毎回自家製のビールを振る舞ってくれた。

が、初めてこのビールを見たときは、とにかく衝撃的だった。

(うわっ……泥水出された)と、思った。悪い冗談かなと思って私が口をつけずにいると「ナギ、ママがせっかく出してくれたんだから飲んで！　コレ、体にいいんだから」と、ベイユーが勧めてくる。それもかなりしつこく。こんだけしつこく勧めてくるんだから、きっと見た目は悪くてもおいしいのだろうと思って、私は勇気を出してグラスに口を近づけてみたのだが……まあ、青臭い。幼少期におままごとで雑草で作った色水と同じにおいがした。味も想像どおり、まずい。大変申し訳ないけれど、正直飲めたもんじゃない。

(ベイユー。これは無理だ。とてもじゃないけど、飲めないよ。代わりに飲んで)と、涙目でグラスをパスすると「ママがナギのために作ったんだから全部飲んで」と、私が飲みきるまで睨みつけてくる。

この後、下戸の私が吐き散らかしたのは言うまでもない。アフリカで1カ月500ドルというナメくさった私の金銭感覚のつけが、文字どおり噴出した瞬間だった。

02

マリ

2010年9月→

国名:マリ共和国
首都:バマコ
面積:124万㎢(日本の約3.3倍)
人口:1,530万人(2013年)

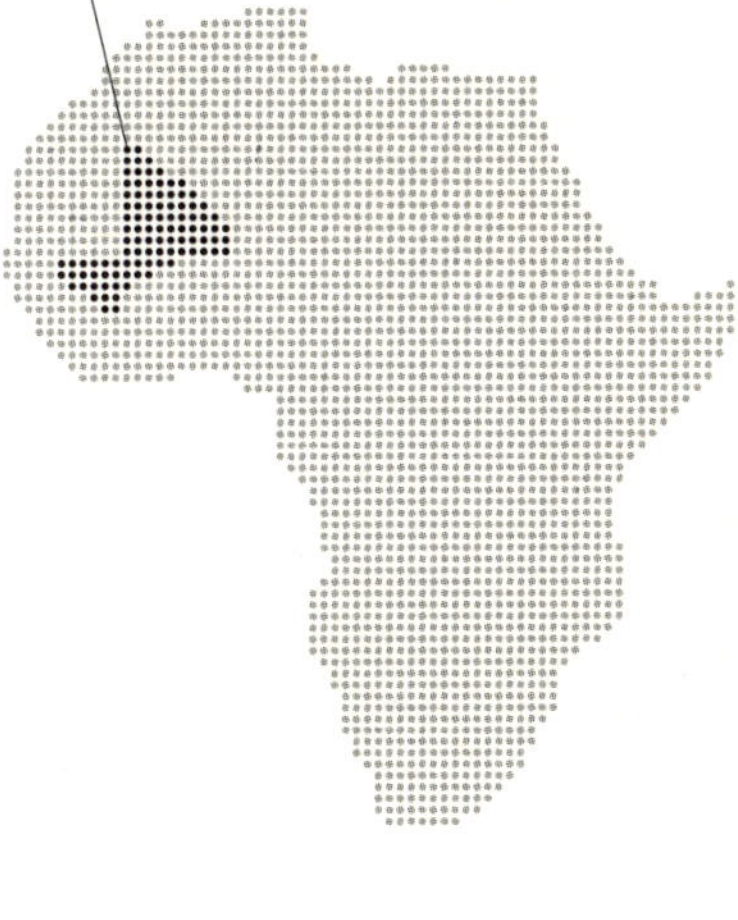

オシャレな人が多い。
とにかく髪型も服もオシャレ。

フランス語圏の洗礼

〝フランス人はプライドが高いから英語がしゃべれてもしゃべれないふりをする〟とか〝フランス語が世界の公用語だと思い込んでるような態度〟とか、噂《うわさ》ではよく聞いていたけども、まさか、アフリカのフランス語圏でこんな思いをするとは思ってもいなかった。マリに来るまで、私はフランス語圏を完全に甘くみていた……。

最初の不愉快な出来事は、マリの首都、バマコのホテルで起こった。

朝食を食べようと思って、ホテルのレストランに入ると男性スタッフが3人立っていた。私は笑顔で「グッドモーニング！」と挨拶をした。しかし、彼らから返ってきた言葉はフランス語。英語もろくにしゃべれない私が辛うじて知っているフランス語といえば、ボンジュールくらいしかないのに、彼らはフランス語がわからない私に対して、意地悪な笑顔で長々とまくしたててくる。

「×○※△¥#▽※×♪△¥○#△」

もう何を言ってるんだかサッパリわからないし、初対面の私に何を朝っぱらから語ることがあるのだろうかと不思議に思った。「せめて、英語でしゃべってくれやしないかね？」と、お願いしても、返ってくるのは意地悪な笑顔だけ……。

（あっ……！　この人たちは英語がわからないのかもしれない。きっとそうに決まってる！）

私はフランス語から半ば逃げるように席につき、朝食が運ばれてくるのを待った。

そして、ひとりのウエイターが私の席に運んできた皿を見て、私は驚いた。

目玉焼きの上で蚊が4匹もくたばっていやがる。

運んでくる途中で、たまたま蚊が目玉焼きの上でくたばってしまったのかと一瞬思ったのだが、蚊のボディが白身に埋まっていた。これは火を通す段階で一緒に蒸し焼きにされた証拠だろう。

蚊を食す文化のない日本の常識で考えたら、これはあきらかに嫌がらせだろう。でも〝日本の常識は世界の非常識〟と言われるくらいだから、もしかしたら、マリではコレは普通なのかもしれない。マリ人は蚊をコショウと同じ感覚で目玉焼きにふりかけて食べるのかもしれない。もし、コレがマリの文化ならば食べてみよう。そう私は思っていた。

そんなふうに考えていると、タイミングよく今回のガイド〝シセ〟が来たので「マリ人って、こうやって目玉焼き食うのか？」と、蚊入り目玉焼きを指さして聞いてみた。

もちろん、シセから返ってきた言葉は「ノー！」。

だよねー、だよねー。そうだよねー。さすがに蚊は食べないよね。たまたま4匹、入っちゃっただけなんだよね、きっと！　私はウエイターのお兄ちゃんを呼んで「新しいのに替えて」と、目玉焼きを差し出して頼んだ。

しかし、あろうことかウエイターのお兄ちゃんは、目玉焼きに指を突っ込んで蚊をつまみだして、床に投げつけた。そして、穴が4つあいた目玉焼きを私に突き返して、意地悪な笑顔とともに私のテーブルを去っていったのだ……。

これってあきらかに嫌がらせだよねぇ！？

遅ればせながら、地味な嫌がらせだということに気づいてしまった私は、悔しくてしかたがなかった。なんで朝からこんなに不愉快な思いをしなくてはならないのだろうか。

（明日は野郎どもをぎゃふんと言わしてやる……！）

そんな悔しさで、初めてのフランス語圏〝マリ〟での不愉快な生活が始まった。

——翌朝。

「Bonjour!　Ça va?」。シセから教えてもらったフランス語で、私のほうから彼らに挑んでみた。私がフランス語で挨拶をすれば、きっと彼らも笑顔で返してくれると思っていたのに、彼らから返ってきた言葉は耳を疑うものだった。

「Good morning, Nagi. Did you sleep well?」

い、い、今、おまえらなんて言った？　昨日、あんだけ英語はわかりませんって顔でいたのに、普通に英語しゃべれるじゃんか。私がフランス語で挨拶したとたん、フランス語使わねーでやんの。

マリのとある町の風景

シセのプロフィール

名前：シセ

年齢：30歳

マリとコートジボワールのハーフ。主に、フランス語／英語／バンバラ語を操るガイド。知っている日本語は〝ありがとうございます〟と〝はい〟と〝かわいい〟と〝すごい〟と〝シンドイ〟。
性格はドラえもんに出てくるジャイアン気質。基本的に、おめでたい思考回路の持ち主。体もデカけりゃ、態度もとにかくデカイ。一番欲しいものはカシオのG-SHOCK。

メモ：いつもサングラスを身につけているが、それはけっして似合うとは言いがたいものである。

私は、性格はそこそこ穏やかなほうだと思う。普段はめったなことがないかぎり、怒ることも苛立つこともない。なのに、マリに来てからはホテルのウエイターといい、なんだかずっとイライラしている気がする。ウエイターのストレスはホテルを替えることで解消されたけれど、それ以降も私のイライラは最終的に2週間も続いた。

あまり人を外見で判断するようなことはしちゃいけないのはわかってはいるけれど、私は自分と心底合わない人というのは直感的にわかる。だから初めてシセを空港で見たときに（あっ……私の苦手なタイプの人間だ）と感じていた。

とはいえ、ときにはその勘がはずれることもあるし、話してみたら意外といいヤツだったなんてこともあるだろうから、できるだけフラットな状態でシセと関わろうと思っていた。なのに、シセは初っ端からタブーを連発した。

首都バマコではとくにやることもなく、シセのチョイスで博物館に連れて行ってもらった。

その博物館の一角には男性器がモチーフの陶器がいくつも展示されていて、私はそこをあえてスルーしていたのだが、シセにつかまってしまった。シセは私の腕を強引に引っ張って「ナギは、どのサイズが好き?」と話しかけてきたのだ。自分で言うのもアレだけど、下ネタはよく嗜《たしな》むほうだ。むしろ一番の得意分野かもしれない。だけど、下ネタを話すには私の中でのルールがある。

ルール1：下ネタは中学生レベルのもの、もしくは、それ以下でなくてはならない。

ルール2：「アンタ、バカね」と、相手が笑って聞き流せる程度におさめなくてはならない。
ルール3：下ネタを本気ととらえてしまう〝下心〟のある相手とは下ネタを交わしてはならない。
ルール4：あくまでも下ネタは笑えるものでなくてはならない。
（※相手と場の空気によって例外はあります）

シセはあきらかにルール3に違反する。

最初は冗談で言ってるのかも？　と思ったけど、シセの言動にはやはり下心を感じたし、これ以上、ヤツとの会話に下ネタは避けなくてはならないと思った。

私が露骨にシセの腕を振り払うと、シセはすぐに近寄ってきた。これはきっと謝るのだろうと思っていたのだが、「恥ずかしがるなよー。アフリカ人のチンチンはいいぜー」と、ニヤニヤしながら私の耳元でささやいてきたのだ。

（なんだ、コイツ……）

その後も、私が怒って「やめて!!」と言っているのにもかかわらず、とにかく「どうしてー？　どのサイズがいいか教えてよ」と、しつこい。本当にしつこい。超しつこい。私はしつこい男は嫌いだ。大嫌いだ。

私が無視をすればするほど、シセはしつこかった。

シセはおめでたい思考回路の男で、私がどんなに「近寄るな！」「怒っとるんだ、私は！」と言っても、〝ナギは自分のことが好きで照れ隠しで、自分の気持ちとは逆の態度をとっている〟と、解釈

シセ

をしていたのだ。私の乏しい語学力ゆえに、言葉が通じない苦労や不便さはある程度覚悟していたが、まさか人間的に理解し合えないヤツに当たるとは思ってもみなかった。シセと出会って〝生理的に合わない人って、こういうヤツのことを言うんだな〟って、思った。

生理的に合わないヤツが相手だと、普段ならば絶対に気にならない些細なことでさえも腹が立つし、あげくのはてにはシセを見るだけでイライラした。とくに、シセが桃色の歯ぐきをむき出しながら肉にむさぼりつく姿は恐ろしい光景として、未だに私の心に深く刻まれている。

今となっては、そのシセに苛立った日々も笑い話になっているけれど、それほど時間が経った今でさえ〝二度と会いたくない相手〟でもある。ヤツのおかげでアフリカの理不尽な出来事にも免疫がついたのかもしれないが、そう考えると、日本でたるんでいた私を鍛えてくれた恩人のひとりなのかもしれない……。

シセの下心

——日本に、帰りたい。

マリ生活、4日目にして私はかなり精神的に追い込まれていた。原因はもちろん、すべてシセ。私が欧米人として生まれてきていて、英語も流暢にしゃべれていたのならば、シセに振り回されることもなく、ヤツに立ち向かっていたことだろう。しかし、私は〝日本人として極力、物事は荒立てたくない〟という習性を捨てきれずにいた。しかも、文句をたれるほどの語学力を持ち合わせていない。そんな私の弱みにシセはつけこんで、ガイドとは思えぬ態度をとりまくり、やりたい放題だった。

そんな気弱な私に、神の手が差し伸べられる。

この日、旅程表には私だけが「ティンブクトゥという町に軽飛行機で向かう」と記載されていた。私はすごく嬉しかった。それはけっして、ティンブクトゥに行けることが嬉しいわけじゃない。シセと丸一日離れられるということが本当に嬉しかったのだ。

モプティの小さな小さな空港まではシセが送ってくれたのだが、その道中、ヤツは「一緒に行きたかったのに一緒に行けなくてゴメンよ」と、ずっと言っていた。

（いやいやいや、何を言っているんだ、シセ。私としてはシセがいない日があっても全然ＯＫなんだ。むしろ、ちょうど君とは少し距離を置きたいなと思っていたところだったのだよ）

そんなことを思いながら到着したモプティの空港では、土産物を両手にたくさん持った売り子たちが待ち構えていた。彼らが売っているアクセサリーはとてもかわいくて魅力的だった。とても欲しかった。でも、アフリカで何かを買うときは必ず値段交渉をしなくてはならない。正直、ここ数日間のシセとの日々に疲れきっていた私には、値段交渉してまで買うほどの気力はなかった。そんな私の状況をシセが初めて察してくれたのか、彼は売り子に近づいて、戻って来たシセの手にはネックレスとブレスレットがあった。

（シセー！　おまえ、本当は超いいヤツじゃんかよー！　私はこんなに気の利くやさしいシセのことをずっと嫌なヤツだと思い込んでしまっていた。失礼な勘違いをしていた愚かな私を許しておくれ……）

そう反省していた私にシセが放った言葉がコレ。

「カシオって知ってる？オレ、G-SHOCKが欲しいんだよねぇ」

だよねー、だよねー。そうだよねー。どう考えても裏があるやさしさだったよね。このシセが私に無償で何かモノをくれるなんて、どう考えてもありえないことだった。一瞬でも喜んでしまった自分が情けない。畜生！！！！

「ナギ、話ちゃんと聞いてる？　G-SHOCKにもいろいろ種類があるんだけどさ、オレはこの型が欲しいんだ！　これじゃなきゃダメなんだ！　これ200ドルもしないと思うから買ってくれよ」

そんな感じで飛行機が来るまでの1時間、ひたすら携帯電話の小さな画面でカタログを見せられ、シセのしつこいおねだりは続いた。

シセのしつこいおねだりから解放された私は、砂漠の町、ティンブクトゥに到着した。

そこで私が合流したガイドは、シセの半分くらいのサイズしかない小柄なババだった。ババはシセと違って、その場の空気を読んでくれた。だから、私が疲れていると察すると無駄な世間話もせず、極力そっとしておこうと気を使ってくれているのが感じとれた。でも、長時間無言に耐えられないのか、それとも心配性なのかはわからないけれど、約15分に1回「アーユー〝ティレド〟?」とだけ話しかけてくる。

アーユー〝ティレド?〟

私は最初、ババの言う〝ティレド〟が何かわからなくて、「ティレドって、フランス語か? 造語か?」と、とにかく首をかしげていた。でも、ババは私が首をかしげても「ティレドわかんないの? ティレドはティレドだってば!」と、言わんばかりにティレドを連発している。まあ、ティレドという言葉がそこまで重要な言葉ではないと直感的に感じていたので聞き流していた。しかし、15分に1度ティレドという言葉を投げかけられて、めんどくさくなった私はババに「ティレドという単語を打ち込んでみてくれ」と、電子辞書を渡してみた。すると、そこには〝tired〟という単語が……!!

私の英語スキルは壊滅的だが、この単語に関してはベイユーから最初に教わっていたし、これがティレドではなくタイアードと発音することくらいは知っている。私はババに「タイアード」と発音してみせたが、彼も負けじと「ティレド」と返してくる。その顔はまるで〝おまえ、ティレドって発音できねーのか？　ティレドだよ、ティレド！　ほら、言ってみ？〟と、誇らしげだった。

（ガイドなのにタイアードをティレドとか言ってて大丈夫なのかな？）

そんなよけいな心配をしつつも、ティレドの謎が解けた私は疲れも吹っ飛び、スッキリしていた。

初差別

ティンブクトゥに降り立ってから、まだ時間はそんなに経っていなかった。が、私の気分は上々だった。幼少のころから緑のあふれる場所に行くと調子が狂って高熱を出す傾向のある私にとって、緑が皆無の砂漠の町は本当に快適だった。それに加えて、シセがいないという環境は天国ではないかと思えたほどだ。

ババはティンブクトゥのいろんな場所を案内してくれた。エチオピアの人とは全然違う顔立ちのマリ人がとても私には新鮮で、とにかく町ゆく人たちの顔を見て歩いた。私が建物でも景色でもなく、人の顔しか見ていないことに気づいたババが、私にこう話しかけてきた。

「ナギ、君には僕たちの肌の色の違いがわかるか？」と。

私は即「もちろん」と答えた。ババは驚いた顔で「ホントか？　君のような白人には一色の黒にしか見えていないものだと思い込んでいたよ」と言う。

（※肌の黒いアフリカ人は、自分たちよりも肌の明るい人間のことは、黄色人種であろうと〝白人〟という表現をすることが多い）

実際にマリ人を直接見るのは今回が初めてだけど、小さいころからマサイ族が好きで、図鑑やインターネットでアフリカ人の写真をたくさん見てきた私は、アフリカ人の肌の色にも違いがあることくらいは知っていた。ババはティンブクトゥの下町エリアをゆっくり歩きながら「ナギはどう思う？」と、聞いてきた。

正直いきなり〝どう思う？〟と聞かれても、今この瞬間まで〝肌の色の違いなんて、ただ単純に色の違い〟としかとらえていなかったし、私にとっては〝自分と見た目が違えば違う人ほど、魅力的〟としか考えたことがなかった。ババは、悩む私の姿を見て「じゃあ、ナギ。今、君は白人として白い肌で生まれてきているけど、誰の肌の色にだったらなってみたい？」と、町ゆく人を見まわして私に聞いてきた。

目に入ったミルクチョコレートのような肌の色の女性を指さして「あの人の肌の色かなあ」と答える私に、間髪入れずに「なんで？　どうして？」と、ババは聞いてくる。「私は小さいとき、アフリカ人みたいな黒い肌になりたいと思ってたから、黒い肌ならどれでも美しいと思ってるよ」と返す私に、ババは炭のような黒い肌の男性を指さして「あれくらい真っ黒でも美しいって言いきれる？自分の肌の色があれくらい真っ黒であっても、美しいと言いきれる？」と、質問を繰り返してきた。

私が「美しいと思うよ。でも、自分で肌の色を選べるなら、おいしそうなミルクチョコレート系がいいな」と答えると、ババはため息をついた。

「同じ国の人間でも、肌の色の明るさで階級がある。その階級が差別を生み、より肌の黒い人が生きにくくなっている。ナギは悪気があって、そういうふうに言ってるわけじゃないのはわかる。だけど、自然と肌の色が明るいほうが良しとされる傾向があるのは、なぜだろうか。人は生まれるときに、外見や肌の色・明るさまでは選べない。持って生まれてきたものなのに、なぜそれだけで差別を受けて苦しまなきゃいけないのだろうか」と、ババは言う。

私はとくに深く考えてミルクチョコレート色がいいと言ったわけではないが、言葉を詰まらせてしまった。自分の理解の浅さも情けなかったし、アフリカ人同士でもまさか肌の色の濃淡で差別があるなんて思ってもいなかったから。ババは「昔から僕たちは肌が黒い人種ってだけで、白人に迫害を受けてきた。自分たちのコミュニティの中でさえも、差別がある世界なんだ。でも、そういう差別に遭ったことのない白人のナギにはわからない苦しみなのに、困らせてゴメンね」とだけつぶやいて、また歩き始めた。

ババとの会話が止まった。ただただ、ババの後ろをくっついて砂漠を歩いた。


どれくらい歩いたのか覚えていないけれど、小さな町の中の狭い道を歩いている最中、道路に面したドアから、思いっきり砂をかけられた。〝たまたま掃除をしていて、砂を捨てるときに私が偶然通りかかっただけだろう〟と、最初はそんなふうにしかとらえていなかった。

だけど、また違う家の前を通ったときに、横から顔の見えない人たちに砂を思いっきりかけられた。時折、窓やドアから顔をのぞかせる住人は、珍奇なものを見るかのような目をしていた。そしてクスクスと笑うだけ笑って、またドアの向こうに身を隠す。住人の反応を見たババは「ナギ、周りを見ずに下を向いて歩け。絶対離れるな」とだけ言って、速足で歩く。

(私、何かしちゃったのかな? とにかく、この町を早く抜け出したい……)

ババに言われたとおり、彼の後ろにピッタリとくっついて下を向いて歩いていたのだが、突然、後頭部に軽い衝撃を受けた。

砂を投げつけられたのだ。ビックリしてとっさに振り向くと、ひとりの少年が立っていた。その少年は目が合うなり、すさまじい勢いで私の顔面に砂を投げつけてきたのだ。あまりに突然の出来事に、私は立ちすくんでしまった。

それからすぐに一瞬で子供たちに囲まれて、四方八方から砂を投げつけられた。何度も何度も砂を投げつけられた。その中には大人も数人いた。私は彼らの笑いものにされた。ババは「やめろ!」と私のことをかばってくれたのだが、それでもその状況はすぐにはおさまらなかった。

「私はいったいなぜ、こんな仕打ちを受けなきゃならないんだ!」と思った。ただその半面、なんとなくだけど、この状況の意味を少しだけ理解できていた。それと同時に、とてつもない悲しさと悔しさが込み上げてきて、私は泣いた。

「もうヤダァァァ！！！　なんで、そういうことするの！！　ホンットにもうやめてよぉぉ……もぉヤダァァ……」

大の大人が、顔面の穴という穴から水をたらしながら泣きわめくという地獄絵図に恐怖を感じたのか、〝コイツはヤベェ……〟というような雰囲気で、いっせいに全員が逃げ出した。24歳にもなった大人が人前で泣くというのはいかがなものかと未だに思うけれど、あのときの私には泣きわめくことしかできなかった。そして、それと同時に、アフリカ人が泣く人間に弱い（自分が悪者とされること、それが周囲にバレることが嫌い）ということを学んだ。

その帰り道、ババから「この国には東洋人、白人差別というものもあるんだ。たまたま今回、その標的がナギになってしまって、守りきれなくてごめん」と、聞かされた。

〝黄色い肌で生まれてきた人間〟というだけで、彼らにとっての私という人間は、不愉快で憎い存在でしかない。私なんかには、はかりしれない辛い歴史や悲しい思いが彼らには刻まれてしまっているのだと思った。まさか、自分がこういったカタチで差別を肌で感じることになるとは思ってもいなかった。ホテルに戻ってからも、気分は重たかった。なんか、心臓の上に重たい鉛がのしかかっているかのようで苦しかった。

ヨシダ、シセに挑む

ティンブクトゥで過ごした時間は短かった。なのに、すごく濃い時間を過ごした気分だ。正直、純粋に楽しかったと言える出来事はひとつもないし、私の性格上、「あんな町、嫌いだー」って思っていてもおかしくないのに、あの町には行ってよかったと思ってる。うまく言葉じゃ説明できないけど。ただの憧れだったアフリカではなく、本当のアフリカを少し理解することができたからかも。

そんな感じで、単細胞なりにもいろんなことを考えながら、朝一の便で、ティンブクトゥから、シセの待つモプティへと戻った。シセと数日離れている間に若干ではあるが、シセのウザさが私の中では美化されていて（今ならもうちょっと、シセと仲よくできる気がする）と思っていた。

が、やはり無理だ。だって、合流したときの第一声が「ナギ、ババのチンチン試してみた？」だったんだもん。一瞬、自分の頭の翻訳機能がバグを起こしたのかと思った。

（おまえ、何言ってんだ？　そういうバカげた話は全部無視するから二度と言うなよ！）

と、心の中で吐き散らかしながら、私はシセを睨んだ。もし、シセがババのように空気を読める男ならば、この場はそっとほうっておいてくれるだろう。しかし、相手は空気の読めない男、シセ。

「さっきのは冗談だよー。ナギー、怒るなよー！　君が欲しいのはババのチンチンじゃなくて、オレのチンチンってことくらい知ってるよ」と、私の肩を抱き寄せようとした。

――ダメだ。コイツ。

いくら言い返しても自分の都合のいいようにしか解釈しないシセには、不満を言うだけ無駄な気もしたが、このままにしておいて不愉快な思いをするのも私だけ。無視が通用する相手なら無視でいいけど、そういう相手でもない。小心者ゆえに、できるだけ穏やかに過ごしたかったけど、もうシセには我慢できない。

(もう言うしかない!)

事前に電子辞書でシセに言いたい単語を片っ端から調べて、私はシセに挑むことにした。

昼食時、ついにそのときがきた。肉を野獣のようにむさぼるシセに、私はこう切り出した。

I'm unpleasant and I hate you!

(私は不愉快だし、おまえが嫌いだ)

これが精一杯だった。だって、こんな言葉、日本語ですら言ったことないもん。

さすがのシセも、私の口から出た予想外の言葉に焦りを隠せずにいた。

「ナギはオレのこと本当に嫌いなの?　なんで不愉快なの?　ナギが思っていること、すべて教えてほしい」

そう私に言ってきた。

(本当に全部言っていいの?　遠慮なく全部言うよ?)

といっても、そのときの私には〝不愉快〟と〝嫌い〟という英単語以外の持ち札がなかった。でも、ココで言わなきゃ。私は電子辞書に思いつくかぎりの単語を打ち込んで、そのつどシセに見せた。

「自分勝手」「態度がデカイ」「しつこい！」

シセはしばらく黙り込んだ後、私に頭を下げてきた。

「今日からはナギのためにベストを尽くすから、オレのことを許してほしい」

そんなことをずっと言っていた。

このときの私は、シセが謝罪してくれたということよりも何よりも、自分がため込んでいたものを吐き出せたことに満足していた。さすがのシセも反省している感じだったし、私は「わかってくれたのならば、もう気にしなくていいよ」と声をかけることにした。

すると、シセはショゲた顔をして私にこう言った。

「ナギ、お願いだからタ-WEOOKは忘れないで…」

ひー！　シセが珍しく素直に謝ってきたからチョットおかしいなとは思っていたんだけど、やっぱりソコか。でも、ココでソレを言っちゃ反省してないのがバレバレだよー。シセ、おまえは少しねだり方を勉強しろ。さっきの「気にしなくていい」って言葉は、現時点で撤回だよ、撤回。

嫉妬

私が怒っても、文句をぶつけても、シセの頭はG-SHOCKのことでいっぱい。私の不満なんぞ、これっぽっちも届いていない。もうしゃべる気が失せた。本当に失せた。

ほんの少しのあいだだけ、シセとの間に沈黙が続いたのだが、食事を終えたシセに「ナギ、一回店出て」と促された。今度こそ、真面目に謝罪をする気にでもなったのだろうか。いや、それともまたG-SHOCKのおねだりだろうか。もし、そうならば私はひとこともヤツと言葉を交わすつもりはなかったが、促されるがままに店の外に出た。

You カワイイ! You got jealous, right?
(おまえ、かわいいな! 嫉妬したんだろ?)

「はぁぁぁぁぁぁ!?!!　何言ってんの?　どういうこと!?」

完全無視するつもりでいたのに、想定外の言葉を放たれた私は思わず声を出してしまった。

嫉妬?　いつ誰が誰に嫉妬をしたというの?　っていうか、おまえのチョットした日本語がスンゲェ腹立つ。何か非常に不愉快だ。「嫉妬なんてしていない。変なこと言わないでほしい」と、私はシセを引《ひ》っ叩《ぱた》いた。それでもシセはニヤニヤと笑いながら、勝手に語りだした。

その話を聞いて私は本当に驚いた。というか、あきれた。コイツと話していて毎回思うのだが、どうしたらそんな答えにたどりつくのかが不思議過ぎて、私には理解しがたい。

ヤツが言うところによると、筋書きはこうだ。

さっき私が不満をぶつけたときにいた食堂のオーナーは女性。彼女とシセは顔見知りで、ふたりはあれこれ話し込んでいた。そのふたりの会話が一段落したときに私がシセに文句をぶつけたのだが、このタイミングがヤツの勘違いを引き起こしてしまったようだ。要は、私がシセと仲よく楽しそうにしゃべっていた女性オーナーに嫉妬して怒ったと……。

私が毎日こんなにも不愉快な思いをしているというのに、なんてメデタイ思考回路をしているのだろうか。こういう勘違いは本当に勘弁してほしい。すっんごい迷惑。どんなに私が「嫉妬なんかするわけがない！」と言っても、けっしてシセには届かない。むしろ、否定すればするほど「ナギがオレのことを好きなのは知ってるから、もう照れなくていいよ」なんて言いやがる。

もう悔しいけど、シセには勝てそうもない。私がどんなにはむかっても、毎回ヤツのペースに巻き込まれて終わってしまう。もう、シセがガイドである以上、私はこの不愉快な思いをする運命からは逃れられない。ならば、せめて無駄な労力を使うのをやめて、シセのウザさを楽しむしかない。もう、これ以外の選択肢はない。そう自分に言い聞かせた。

——翌朝。

「ナギー！　ハッピーラマダーン！」

（なんなんだ、朝っぱらから、くそでかい声出しやがって……）

今朝はシセのテンションが異様に高い。というか、ただでさえ毎日頭の中がおめでたい男が、いつも以上に激しく浮かれている。しかも周りを見ると、浮かれているのはシセだけじゃない。ホテルのスタッフも町の人も、みんな新しい服に身を包んで、浮かれた顔をしていた。

どうやらラマダンが明けたらしい。

（まあ無宗教の私には、ラマダンなんて関係ないイベントだけど）と、退屈そうな私の顔を見たホテルスタッフのカラン氏が「よかったら僕の家に来ませんか？　ラマダン明け祝いに、僕の家でごはんでもごちそうさせてください」と、声をかけてくれた。

もう、これは行くしかない！　私はラマダンにあやかって、ごはんをごちそうになることにした。

カラン氏の奥さんが、私たちに振る舞ってくれたのはクスクスだった。

（クスクス、嫌いなんだよな……）

目の前に出された大量のクスクスを見て、私の気持ちは急激に萎えた。過去に何度か日本でクスクスを食べたのだが、非常にまずい食べ物として私は認識していた。味というより、あの焼きタラコのようなツブツブ感が苦手だった。しかし、家に招いてもらったのに、ひとくちも手をつけないというのはさすがに失礼過ぎるので、私は噛まずに水で飲み込むことにした。

が、予想外にカラン氏の奥さんが作るクスクスはおいしかった。というか、これまでアフリカで

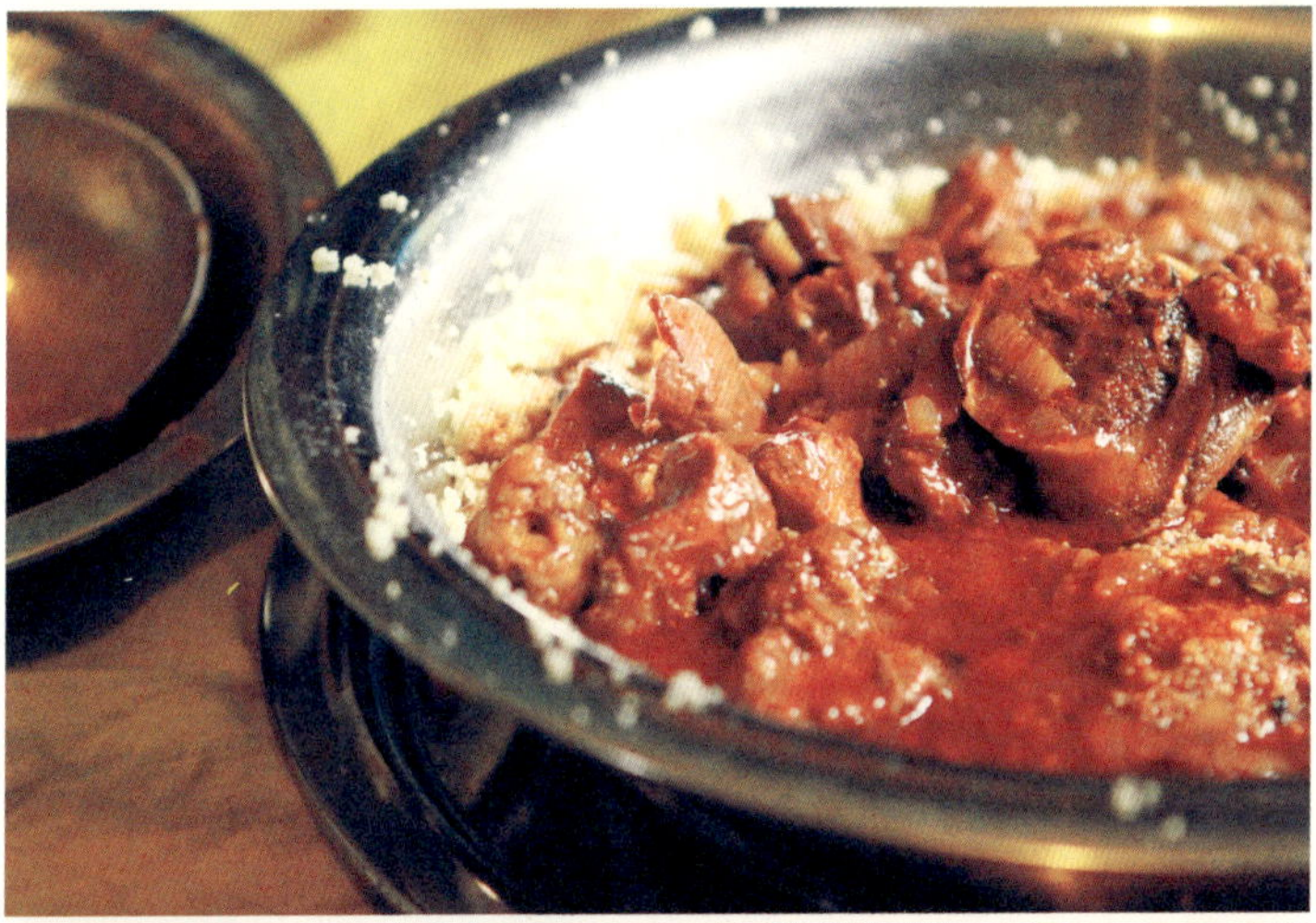

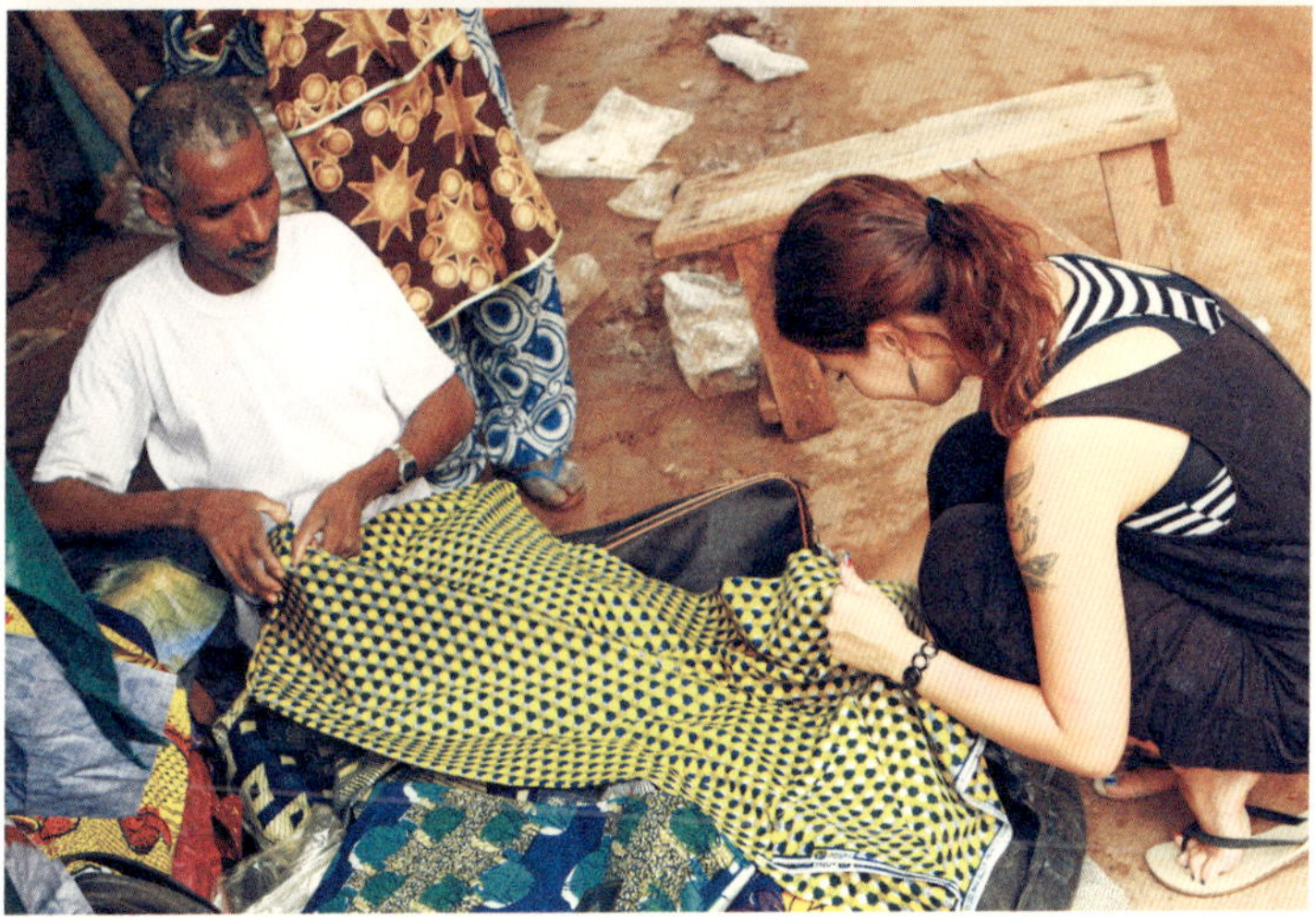

クスクス / 生地屋さん

食べた料理の中で一番おいしかったかもしれない。洗面器のような皿に入ったひとつのクスクスを、カラン氏の家族と囲んで食べたという雰囲気も、なんだか鍋をつついているかのような気分で楽しかった。味も雰囲気も申し分ない。だけど……だけど……だけど……。

すっげぇジャリジャリする!!!!!

小石や砂の混入具合がハンパじゃない。噛めば噛むほどジャリジャリしやがる。この噛んだときのジャリジャリの周波数が非常に不快で、頭がイーッ! ってなる。私は幼少期「人間は基本的には何を食っても死なないから、よっぽどヤバイもの以外は食え」というワイルドな母親の教えで育ったせいか、小石や砂くらいなら全然許容範囲ではあるのだが……それでもやっぱり、イーッ! ってなるのは嫌だ。どうせならジャリジャリしないノーマルなクスクスが食べたい。

ただ、おいしいクスクスを食べさせてくれたカラン氏の奥さんには、とても感謝している。

シセの失態、レンズのフタ編

「ラマダンが明けたんだから、ナギも服を新調しなよ」と、シセにそそのかされた私は、カラン氏の家でクスクスをたらふくごちそうになった後、服を作りに仕立て屋さんへと向かった。

私が生地屋さんで布を選んでいるとき、シセは私の一眼レフカメラを勝手に私物化し「ナギが個展やることがあったらさ、オレが撮った写真使っていいから」と、調子こいていた。シセに自分のカメラをいじくりまわされるのは、とてつもなく不安をともなったのだが〝シセがカメラに夢中になって、少しでもおとなしくなるのなら……〟という思いもあって、見て見ぬ振りをしていた。

が、案の定、ヤツはやらかした。

「レンズのフタがなくなっちゃった」と、言い始めたのだ。しかも、私が持っているレンズの中でも一番高価なレンズのフタをなくしたらしい。

いやね、私だって鬼じゃないから間違ってなくしてしまったのならば「しょうがないよ、気にしないで」って言うよ。でもさ、シセは人のモノをなくしておいて「フタなんてなくてもよくね？　余裕っしょ！　問題ないっしょ！」って態度で、探す素振りもなければ、あっけらかんとし過ぎていた。

シセに説教しても無駄だろうし、よけいな労力を使うのはやめるって決めていたから、一度はフタをあきらめようかとも思ったんだけど……やっぱり人のモノをなくしておいて、この態度はありえないよ、人としてね。それに、この後、ブルキナファソに行くんだもん。まだまだ移動がたくさんあるんだもん。やっぱりフタは絶対に必要だし、コレはシセに探させなきゃダメだ。ファットなボディも、少し動いてカロリー消費したほうがいい。というわけで、私はシセに「死ぬ気で探せ」と命じた。

が、シセは自分のズボンのポケットに手を突っ込んで「ほら、オレは持ってないよ」と、真剣に探す気配もなければ〝もう探さなくていいよ！　と、早く言え〟と言わんばかりの目で私のことを見つめていた。

（なんてふざけた野郎なんだ……もっと動いて、よく探せ！　デブ！　探すんだデブ！）

そう叫びたい思いを必死にこらえながら「もっと探せ！」と私がアゴで合図すると、シセはふてくされた顔で通りすがりの若い男の子たちに話しかけ始めた。私はフランス語なんて全然わからないから、シセがどんな会話をしていたかなんてわからないけど、どんなに言葉がわからなくっても目の前で自分の陰口を叩かれていたら、雰囲気でわかる。

たぶんシセは「あの日本人、オレがレンズのフタをなくしたくらいで怒ってるんだけど、ありえなくない？　オレ、日本人のそういうところ疲れるんだけど。フタなんてどうでもよくない!?」みたいなことを話していたと思われる。とにかく、私のことを悪く言っていたことは間違いない。だって、シセから話を聞いた男の子たちは「オレらより金持ってるくせに黒人イジメんなよ。フタくらい、また買えよ」みたいな目で私を見てきたんだもん。

もう、完全に私が悪者状態。これこそイジメじゃなかろうか。なんで私がそんな目で見られなきゃいけないの？　フタをなくしたのは私じゃないの。シセなの、シセ！　でも、そっちがそういう態度をとるなら、もう知らないよ。私を敵に回したことを、おまえは後悔するがよい。

私は思いっきり泣いてやった。生地屋さんもドン引きするくらい号泣してやった。

この手法が、はたして日本人として正しい選択なのかはわからない。むしろ、相当ダメだろう。しかし、アフリカ人は〝人前で泣かれる＝自分が悪者とされる〟ということを非常に嫌うので、話が通じないアフリカ人に対しては最も効果的な解決法だと私は思っている。

普段は涙なんて簡単に流れないのに、マリに来てからは、なぜかいとも簡単に涙を流せるようになった。これはアフリカという土地に適応したのだろうか。私の顔面は涙と鼻水でひどいことになっていたのだが、心の中はいたって冷静で演技派女優にでもなった気分だった。

あたりまえだが、外で大泣きしている日本人の私は、あっというまに野次馬に囲まれた。その中に「アンタ、どうしたんだい？」と、声をかけてくれた世話焼きのおばちゃんがいた。私はシセを指さして「アイツが私のレンズのフタをなくしたのに探してくれない」と、涙ながらに訴えた。やさしいオバちゃんは、〝アンタ、女の子を泣かせるんじゃないわよ〟と、シセのケツを引っ叩いてフタを探すよう促して、一緒に探してくれた。そのかいあってか、1時間ちょっとでフタは見つかった。

シセは捜索中「これだけ探したのに見つからないのはおかしい。もともとレンズにフタなんて、ついてなかった気がする。触った記憶ないし」「なくしたのはオレじゃない。ナギが自分でなくしたんだ」などと言い出していたのだが、フタが見つかった場所は、生地屋さんの隣の仕立て屋さんのミシンの上だった。どう考えても犯人はシセ、おまえだ。私はその時点では一度も仕立て屋さんには入ってないもんね。間違いなくおまえなんだ、おまえなんだよ、シセ。

ちなみに、このレンズのフタ紛失騒動は1回きりでは終わらなかった。この後の道中も何度も何度も繰り返し、起こったのである。

貧乳極悪説

シセとは散々すったもんだがあったが、それでもスケジュールどおり、私たちはドゴン族の村に着々と近づいていた。町から離れれば離れるほど道は悪くなり、タイヤは何度もパンクし、ときには泥にはまって車が動かなくなってしまったこともあった。そのときは車を置いて歩くことになったのだが、途中で大きな水たまりに遭遇した。それは、腰までゆうに浸かるほどの深さだった。

私は水が苦手だ。泳げないどころか、毎朝水で顔を洗うことすら、できることならしたくない。それくらい水が苦手だ。でも、ここは濡れずに渡ることはむずかしい。私はない頭をふりしぼって考えた。

「シセ！　おんぶ！」

私はシセにおんぶを要求した。普段は体のでかいシセを見て〝コイツは態度も体もデカくて、なんて目ざわりなんだろう〟と、苛立ってばかりいたのだが、やっと役に立つ日がきた。これならシセのダイエットにもなるし、私も濡れずにすむ。私は、しぶるシセの背中に半ば強引にのしかかり、ヤツの頬を引っ張りながらシセを乗りこなした。

（なんて気分がいいのだろうか。やっとシセより優位に立てた気がする……！）

これが優越感というものなのだろうか。非常に気分がよかった。マリに来てから、なんだか性格が急に悪くなった気もしなくはないのだが……まあ、この際、そんな小さなことはどうでもよい。私の優雅な気分は長くは続かなかったのだから。

ぶうたれながらもシセは、ビッチョビチョになりながら大きな水たまりを渡りきった。〝シセ、よくやった！〟と誉《ほ》めてやろうと思ったとき、シセはボソっと、ひとことだけつぶやいたのだ。

「You, small breasts・・・（おまえ、ペチャパイ・・・）」

ひ、ひ、貧乳ですって!?　しかも、なぜ、おまえさんに悲しげな顔をされなくてはならんのだ。おんぶした女が貧乳だったことが、そんなにも不満なのか？　そりゃ貧乳より豊満なやわらかいデカ乳のほうが男としてはいいのかもしれないが、シセにそこまで悲しげな顔をされる筋合いはない。デカけりゃいいってもんじゃないだろう。チビ乳の何が悪い！　ちくしょう……!!（もうこれは完全なる私の負け惜しみでしかないのが悔しい……）

セキュリティ皆無のホテル

車がパンクしたかと思えば、大きな水たまりに遭遇する。シセにおんぶしてもらって濡れずに渡れたかと思えば、まさかの貧乳を指摘されたうえに、なぜかシセのテンションがガタ落ち。道中は散々だったが、日が暮れる前にはなんとか無事に目的地のティレリに着くことができた。

ティレリは何もない町だった。いや、町とは呼べぬ町だった。〝何もないというのはティレリのことを言うのだろう〟と思ったほど、何もない町だった。だから「着いたよ」って言われたときも、どこに着いたのかまったくわからなかった。まさか、そこがホテルだなんてこれっぽっちも思わなかった……。

ホテルといえば最低限、壁と屋根があって、電気がついて、鍵がかけられる施設だと思い込んでいたけれど、そんな常識はティレリでは簡単に覆《くつがえ》される。私がホテルだと洗脳されて通された場所の敷地内には、コンクリートでできた低い建物がいくつかあった。でも、私に与えられたのは、その建物の中ではなく、いわゆる屋上といわれるスペース。そんな場所で「ここがナギの部屋だよ」と言われたときは、自分のリスニング力がさらに低下したのかと思ったくらいだった。だって、コ

宿とは言えぬ宿

ンクリの〝野ざらし〟の屋上を、部屋とは普通呼ばないだろう？　なぜ、そこが部屋なのかがわからなかった。

「大丈夫、大丈夫。部屋作ってあげるから心配すんな」と、シセがホテルスタッフと寝床を作ってくれたのだが、やはりそれは部屋とは呼べないモノだった。だって、ゴザの上に1畳くらいの煎餅《せんべい》マットレスを2枚敷いて、蚊帳をつけただけの本当に簡易的なものだった。もちろん、外からはスケスケだし、セキュリティは本当に皆無だった。これならテントを張ったほうがよっぽど快適だったと思う。今となってはなぜ、シセはあの場所に行くとわかっていたのに、テントのひとつも用意していなかったのかと不思議に思う。

まあ、最初はホテルとは呼べないホテルに少々とまどったが、〝こんな場所に泊まれるなんてそうめったにない機会〟だと思うと、少しずつではあるが、ワクワクし始めた。

夕方6時にもなると、真っ暗になって何も見えなくなった。真っ暗闇の中、懐中電灯片手にホテルスタッフたちと一緒にごはんを食べた。食事の後は懐中電灯を口にくわえながら水シャワーを浴びたのだが、こんなにもシャワーを浴びることが疲れることだとは思ってもみなかった。が、口周りの筋肉はいい具合に鍛えられたんじゃないかと思う。

アフリカの夜というものは、やることが本当になくて時間をもてあます。充電すらできる環境がないから携帯ゲームで時間をつぶすこともできなければ、明かりもないから日記を書くこともできない。だから眠くなくても強制的に寝るしかない。この日もいつになく早い就寝となる予定だったのだが……。

知らないあいだに、煎餅マットレスがビショビショになっている。

多少冷たいくらいならいいのだが、誰かが嫌がらせでマットレスに水をこぼしたんじゃないかってくらい、夜露でくまなく濡れていた。が、ココで寝る以外の選択肢は用意されていないわけだから、私は自分の体温でマットレスを乾かすことに徹した。自分が寝ている場所だけはそれなりに乾いていくんだけれども、それ以外の場所は冷た過ぎて寝返りがうてやしない。しかも、夜中は肌寒いときた。

そんな環境下で眠れるほどの鈍感力を持ち合わせていなかった私は熟睡することなんてできず、生乾きの不愉快なニオイとともにニワトリよりも先に目を覚ましてしまった。

シセの失態、カメラバッグ編

ワイルドな寝床のせいで、とりあえず全身から生乾き臭がする。ホントに臭い。そんな生乾き臭に包まれながら、ホテルスタッフが用意してくれた〝てんこ盛りの揚げパン〟を腹に詰め込めるだけ、

ドゴンエリア

詰め込んだ。高カロリーな朝食に胃がもたれたのか、それとも自分の生乾き臭にやられたのか、最高に気分が悪い。そんなコンディションの中、私はドゴン族のダンスが行われる広場へと向かった。

その広場への道がこれまた厳しかった。足場の悪い細い道をひたすら歩き、ときには岩場を登ったり下ったりと想像以上に険しい道のりだった。だからシセが「ナギは転んでカメラを壊しかねない」と言って、私の大事なカメラバッグを持ってくれていた。

そこまではよかったんだけど、その途中、シセが足を滑らせて自分の小銭をばら撒いてしまった。そしたら、ずば抜けた視力と聴力を持ち合わせたドゴン族の子供たちが、われ先に小銭を拾おうとしてどこからともなく現れたんだけど、それを追い払おうとしたシセのとった行動に私は目を疑った。

だって、シセは迷わず私のカメラバッグを子供に投げつけたんだもの。

なぜ、コイツはプロのガイドなのに、客である私の大切なカメラバッグを投げつけることができるのだろうか。私が転んでカメラを壊しかねないと言ってバッグを持ってくれていたはずなのに、その張本人がカメラを壊すようなことを平気でしでかすってどういうことよ。

カメラが壊れたらドゴンダンスの撮影も、この後の撮影もできなくなってしまうことをヤツはわかっているのだろうか。もちろん、お金も大事だけど、シセが落とした小銭じゃ私のカメラ一式を買い揃えられないし、絶対に弁償なんてしないくせに。なんなの、このバカ。

不幸中の幸い、カメラは壊れずにすんだけれども、朝っぱらから生乾き臭といい、高カロリーな朝食といい、カメラバッグを放り投げるシセといい、ホントになんなの！！！　不愉快過ぎる。しかも、無神経なシセはなぜ、私がここまで怒っているのかなんて少しも考えない。だから、

「オレよりカメラのほうが大事なの？」

と、言い出す始末。

シセは自分がカメラよりもすぐれた男だと思っているのだろうか？　このときこの瞬間の私にとっては、おまえよりもカメラのほうが100：0で大事だってーの。

ただでさえドゴンダンスの広場までは険しい道のりなのに、シセのせいでさらに長く険しい道のりに感じた。が、シセに苛立ちながらも、なんとか広場までたどり着くことができた。「ドゴン族の歌と踊りは本当にすごいよ！」と、噂では何度も耳にしていたから、とても楽しみにしていたし、どんなものが見られるのだろうかと期待を膨らませていた。

でも、私は期待を膨らませ過ぎたのかもしれない。もしくは、想像を膨らませ過ぎて自分の頭の中ですご過ぎる世界をつくり過ぎてしまったのかもしれない。はたまた、私の音楽センスが皆無なのかもしれない。いろんな理由が考えられるが、とにかく、私の心にはドゴンダンスはあまり刺さ

らなかった。

それゆえに、彼らのダンスや歌はまったく記憶に残っていないのだが、ドゴンのダンサーたちの肉体がとてつもなく美しかったことだけは、今でもハッキリと覚えている。〝肉体美〟という言葉は、まさにドゴンダンサーのためにある言葉だと思った。

ハイ、マイフレンド！

マリに来てからシセに苛立つことが多過ぎて、ついシセ以外のことを綴り忘れてしまいそうになるのだが……なぜか、この国に来てからすごい勢いで友達が増えている。これは、私にとって重大トピックスである。

自慢じゃないけれど、私は友達というものが非常に少ない。幼少期はよく「なんでアンタは友達が少ないの！　もっと友達をつくりなさい」と、母親に悲しまれたくらい友達が少ない。最初からコイツとは気が合うという目印があるならまだしも、人見知りの私にとって、気が合うかどうかすらわからない新規の人と接触をはかることほど億劫で恐ろしいことはない。

ご新規さんの参入は、できることなら避けて生きていきたい。そんな性格ゆえに〝友達のつくり方〟というのがイマイチわからないし、そんな苦労を強いられるくらいならば、友達は少なくてもいいと思っている。

友達になった少年たち

しかーし、この世の中に、

“苦もなく、いとも簡単に友達がつくれる方法”

というモノがあるならば、話は別である。まあ、そんなうまい話なんてないから私は友達が増えずに大人になってしまったのだと思っていたが……奇跡は突然起きた。

私がマリの町なかを歩いていると、いたるところから「Hi, my friend!」という言葉が聞こえてきて（みんな、友達がいっぱいいていいなー）なんて思いながらフラフラと歩いていたのだが、突然、背後から私の肩をガシッと掴む者が現れた。

（誰だよ、バカタレ……）と思いながらも振り返ると、そこには少し不機嫌そうな女の子が私の肩を思いっきり掴みながら立っていた。彼女は不機嫌そうな表情を変えることなく、「Hi, my friend!」と、私に話しかけてくる。

（この子、誰かと私を間違えてる……？）

ただでさえ友達が少ない私に、初めて来た土地でマリ人の友達なんているわけがない。なのに、彼女は変わらず不機嫌そうな顔で「Hi, my friend!」とだけ話しかけてくる。正直ちょっとめんどくさい子に絡まれちゃったなーって思った。逃げたかったけど、彼女の不機嫌そうな顔が妙に威圧感を漂わせていて、蛇に睨まれた蛙のように私は固まってしまった。

（やっぱり彼女は私を自分のアジア圏の友達の誰かと間違えているんだ。だから、忘れられちゃったのかと勘違いして不機嫌なんだ）と、私は勝手に解釈した。それならここは彼女の友達のフリをしたほうが、この場から早く解放されるんじゃないかと思った。が、友達の少ない私には外で友達と遭遇したときのリアクションなんて経験がないからわからなかったけれど、とりあえず「Hi, my friend!」と、彼女にオウム返ししてみた。

するとさっきまで仏頂面していた彼女が満面の笑みで「Hi, my friend!」と、ハグをしてきた。（完全にこの子は誰かと私を勘違いしている……）と心の中で思いながらも、アフリカ人のハグの圧はヤッパリすごいなーと、私はおとなしくアフリカンハグの圧に耐えていた。それからすぐに解放され、友達のフリをしたことがバレる前に逃げようとしたとき「My friend! もう私たちは友達だからね！　またね！　バイバイ！」と、彼女はとびっきりの笑顔で私よりも先に去っていった。

（ん……？　今、私たちは友達になったのか？）

状況がよくわからなかったが、とりあえず、深く気にすることなくまた歩き始めると、違う方面から「Hi, my friend!」と聞こえてきた。今度は少年だった。彼は「Hi, my friend!」と言いながら強制的に握手。それ以上の会話はなかったけど、この握手が少年と私の距離を一気に縮めた気がした。秒速で少年との距離が縮まったかと思いきや、またあの言葉が聞こえてきた。

「Hi, my friend!」

おお、今度はチビッコ3人組か。彼らもそれ以外の英語はしゃべらない。だけど、彼らも言葉なんて関係ないって様子で、右手を無言で差し出してきた。私がその手を黙って握ると、彼らは「オレら、もう友達だよな！」といった感じで、最高の笑顔を見せてくれた。

この日はこんな感じで、どんどん友達が増えた。

これは、この町の人々がフレンドリーなだけなんだろうか。それとも、これがアフリカ人の性格なのだろうか。とりあえず、アフリカ流の友達のつくり方ならば、誰かと友達になるのに言葉は必要ない。年齢も国籍も関係ない。それでいて、あっというまに友達ができる。

日本でも、これくらい簡単に友達がつくれたらいいのに……。

嘘だと言って……

私はマリの後、そのままブルキナファソに行く予定になっていた。シセとの日々もあと少しの我慢だと思っていた日、シセから突然「ナギ、電話。ナギと話したいって」と携帯電話を渡された。

「マリはどうですか？　何かお困りのことなどございませんか？」

今回のマリとブルキナファソ旅行を手配してくれた旅行会社の女性だった。不満を漏らすのはやめようとも一瞬思ったのだが、やはりシセのしつこさには我慢ができず、きっと彼女ならガイドのチェンジ、もしくはシセに少し説教でもしてくれるかなと思って、相談してみることにした。私の心労を察してくれるかな？　なんて淡い期待をしていたのだが、まさかの言葉が返ってきた。

ローカルの薬

「ヨシダ様、それは何かの間違いではございませんか。弊社とシセは何度も仕事をしておりますが、弊社が一番信用している敏腕ガイドでございます。日本人の扱いも慣れておりますし、シセがそのような態度をとるというのは、とても考えられません。慣れない環境でヨシダ様は少々お疲れ気味なのではないでしょうか」

なんだって……！？！

同じ日本人ならやさしい言葉のひとつやふたつかけてくれるのかと思っていたのに、完全にシセ側の人間じゃないか。シセはずる賢いヤツだから、日本人添乗員がいるときとそうでないときとでは立ち居振る舞いが違うのかもしれない。

とりあえず、シセの本性を知らない相手に、これ以上不満をぶつけても意味がない。むしろ、これ以上言ったら、私がワガママなヤツだと思われてしまいかねない。そう思って電話を切ろうとしたとき「ヨシダ様、この後のブルキナファソも、シセがガイドとしてアテンドさせていただきますので、もし何かございましたらシセになんでもお申し付けくださいませ」という言葉が耳に入ってきた。

なんだって……！？！

私はショックのあまり、無言で電話を切ってしまった。

03

ブルキナファソ

2010年10月→

国名:ブルキナファソ
首都:ワガドゥグー
面積:27万4,200㎢(日本の約70%)
人口:1,693万人(2013年)

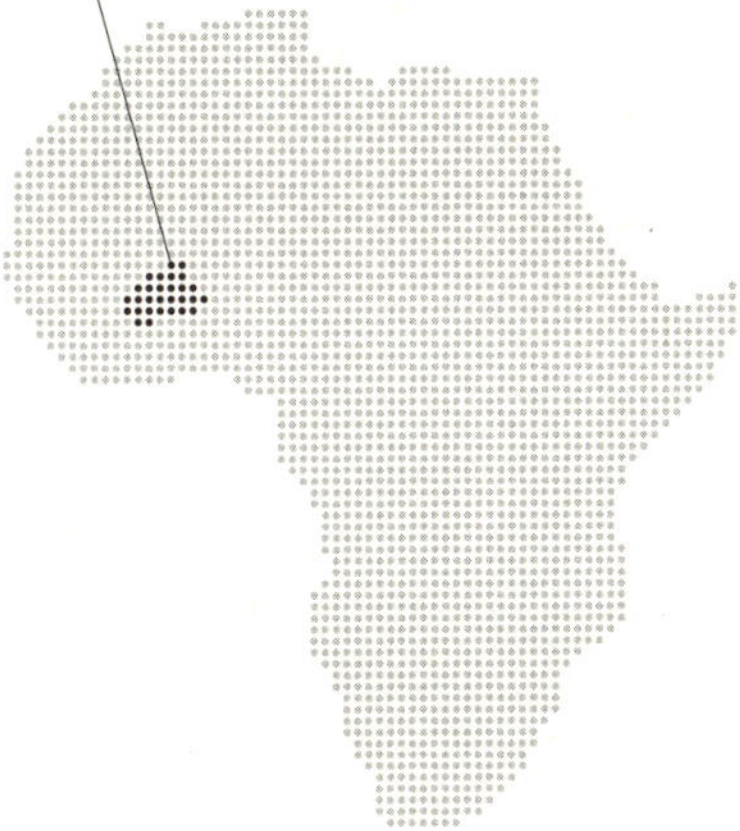

何にもない。
ホントに何にもない。
そこがまたブルキナファソの
いいところ。

アフリカンペッパー

ブルキナファソに行けば、シセから解放されて旅行を楽しめると思っていたのに、なんでこう想定どおりに進まないのだろうか。そもそも今回の旅行は、最初から流れがおかしかった。とはいえ、イライラすることが続き過ぎだろう。なぜ大金をはたいてまで、こんな不愉快な旅行を続けなきゃいけないのだろうか。

マリのティレリからブルキナファソまでの8時間、私の頭は不満であふれていた。その半面、国が変わればきっと流れも変わるんじゃないかと、どこかで期待している自分もいた。

——が、案の定、私の淡い期待はシセによって裏切られることになる。

ブルキナファソの食事もマリとさほど変わらない。大きな違いと言えば、ブルキナファソのごはんには〝アフリカンペッパー〟と呼ばれるすこぶる辛い唐辛子が入っていることだろうか。しかし、私はまだこの時点ではアフリカンペッパーの存在なんぞ知る由《よし》もなかった。

昼食時、定食屋でシセから「ナギ、コレはアフリカにしかない唐辛子なんだけど、全然辛くないから食ってみ?」と初めてアフリカンペッパーを渡されたとき、純粋無垢な私は何の疑いもなく、ソレをひとくちで食べてしまった。今思えばなぜ、シセなんかの言葉を鵜呑みにしてしまったのかがわからないが、アフリカンペッパーを口に入れて数秒後、異変は起きた。

死んじゃうんじゃないかってくらい辛い！　しゃべれない・・・！

私は特別辛いものに強いわけではないが、辛いものを食べて「辛い！　辛い！　痛いー！」とひとりでヒーヒー騒ぎながら食べることが好きなので、けっして辛いものに弱いわけでもない。過去に辛いものを食べて泣いたこともなかった。

それなのに、初めて唐辛子に泣かされた。喉が痛い。舌も痛い。声が出ない。しゃべれない。大げさに聞こえるかもしれないが、言っておく。コレは大げさに言っているのではなく、顔がメチャクチャに崩れる。アフリカンペッパーの辛さは喉と口の中に広がって痛みに変わり、口が閉じられなくなる。情けないうめき声と大粒の涙が次から次へと流れ、閉じない口からは滝のようにヨダレがあふれだす。自分で言うのも悲しいが、あのときの私は水木しげる氏の妖怪図鑑に登場してもおかしくない姿になっていたと思う。

まさかブルキナファソのど田舎の定食屋で自分が妖怪化するとは思ってもなかったが、この状況に驚いたのは私だけではなかった。周りにいたブルキナファソ人たちも、隣にいた日本人が顔面の穴という穴から水を垂れ流して妖怪化して大騒ぎしている姿に驚き、口をポカンとあけて眺めていた。

野次馬は次々とシセに事情を聞きはじめ、次第に「アフリカンペッパーを食べたおまえがバカだ。

自業自得だ」と言わんばかりの表情に変わる。みんなが私のことを白い眼で見る中、ひとりの男性だけが、私に「なんでアフリカンペッパーなんて食べちゃったの?」と声をかけてくれた。

私は辛さの痛みでしゃべれなかったが、涙とヨダレを垂らしながら必死にシセを指さして(私が率先して食べたわけじゃない。「食え」って言われたから、だまされて食ったんだ)と、心の中で叫び訴えた。その尋常ならざる顔と訴えが通じたのか、男性と野次馬たちの目がシセに向けられた。

「オレは食べろなんて言ってない!」

私がしゃべれないことをいいことに、シセは「僕は〝辛過ぎるから食べるな!〟って言ったんだ」と、ふざけたことを言い始めた。間違いなく、シセはあのとき「アフリカンペッパーを食べてみろ」と私に渡したし、「全然辛くない」って言っていた。それなのに、シセは自分が責められる状況になると、平気でとんでもない嘘をつくし、たとえその相手が自分の客であっても悪者へと仕立て上げる。コイツほど信用ならないガイドはいない。

結局、アフリカンペッパーの辛さと痛みは2時間ほど続いて、ランチは途中放棄した。というか、シセのせいで、野次馬にも声をかけてくれた男性にも白い眼で見られてしまって、その場に居づらくなってしまい、妖怪化したまま店を出てしまった。ちくしょう、なんで私だけがこんな思いをしなきゃならないんだ。

露天シャワー

アフリカンペッパーで大ダメージを食らいつつも、私はカセナ族が住む場所へと向かった。

ブルキナファソはこれといった派手な観光地がないのだけれど、強いて言うならばカセナ族の家がこの国のハイライトらしい。

カセナ族の家は、幾何学模様でとてもアーティスティックな建物だった。壁のペイントは雨や風で少しずつ剥《は》げてしまうらしく、毎年2月に女性が描き直すらしい。（私が建築物とか大好きだったらもっと長い感想を述べることができて、時間も潰せたんだろうなあ……）と思いつつ、ブルキナファソのハイライトでの滞在時間は正味15分だった。

カセナ族の家をササッと見終えた私は、ホテルにチェックインした。ここもまたホテルとは呼べない簡易宿泊施設ではあるが、壁と屋根がある分、マリのティレリよりはいくぶんホテルっぽい。とは言っても、電気は通ってなく、日が暮れると真っ暗になって何も見えなくなってしまうので、私は日が暮れる前にシャワーを浴びてしまおうと思ったのだが……いくら探してもシャワー室らしき部屋が見つからない。

ドレッドヘアが非常によく似合うホテルのオーナーに場所を尋ねると、彼は「チョット待ってて」と、キッチン裏へと消えていってしまった。それから数分後、彼は水が入ったバケツと、割れたプラスチックのコップを持ってきて、私にこう言う。

「お好きな場所で（シャワー）どうぞ」

どうやらシャワーを浴びたいなら、この割れたコップでバケツの水をすくって外で水浴びしなさいってことらしい。マリのティレリの簡易宿泊施設は部屋に壁も屋根もなくて、ほぼ野宿だったけど、シャワー室だけはいちおうトタンで囲われていた。でもここブルキナファソのホテルでは、屋根と壁はあっても部屋のドアはない。そして、シャワーは青空の下。アフリカの田舎では、すべての条件が揃う宿泊施設を探すのは意外と難しいことなんだなと今さらながら身をもって感じた。

（さあ、どうしようか。嫁入り前の日本人女性が壁もない野外で真っ裸になってシャワーを浴びるというのはいかがなものか。一晩、二晩くらいシャワーなんて浴びなくてもいいんじゃないか）

そんなことを考えたりもしたが、ブルキナファソは湿度が高いうえに砂ぼこりがひどくて、できることならば洗い流したかった。

（日本には露天風呂という文化があるじゃないか！　そう思えば青空の下のシャワーだって、さほど変わらないんじゃなかろうか）

そう思ったら、なんだか深く気にすることでもない気がしてきて、私は裸にタオル一枚巻いて、バケツとコップを抱えながらホテルの外の草むらへと歩いた。（ここまで歩けば誰も来ないよね？）と、あたりを見渡してから私はタオルをはずし、アフリカの大地で真っ裸になった。

カセナ族の家

な、な、なんて気持ちがいいんだぁぁぁぁ！！！

外で真っ裸になることが、こんなにも気持ちのいいことだったなんて、24年間生きてても知らなかったよー!!　アフリカの大地でスッポンポン！　ブルキナファソの田舎町でスッポンポン！　もう、なんだか楽しくなっちゃってしかたがなかった。さすがに日本で露天風呂に入ってもこんな堂々と裸体をさらして突っ立ってはいられないもの。そんな開放的な状況にワクワク興奮しながらも、やはり根っこが小心者の私は、ときどき遠くから通行人の話し声が聞こえると〝どこかで見られてるかもしれない〟という不安にかられた。

――そして、私の不安は的中する。

頭を洗っていると人の気配を感じたので、顔をあげてみると、現地の子供たちにとり囲まれていた。ただでさえ珍しい外国人が外で真っ裸になっているんだから、そりゃチャカシに来るだろう。さんざん周りを確認していたはずなのだが、私の目には見えていなくても、ずば抜けた視力の持ち主のアフリカ人の目には、しっかり捕捉されていたようだ。子供たちは私の裸を見るなり、キャッキャキャッキャはしゃいでいる。さぞ、色の違いが面白かったのだろう。

最初は突然始まった羞恥プレイに思わずモジモジしてしまったのだが、〝慣れ〟というモノは非常に怖い。不思議と徐々にどうでもよくなってきて、〝見たきゃ好きなだけ見て、はしゃぐがよい〟

といった気持ちになってくる。最初はモジモジしていた私が次第に照れもしなくなると、子供たちも盛り下がるらしく、私が水浴びを終えるころには静かに見守ってくれていた。

ブルキナファソは、今思い返しても本当に何もない国だった。そんなブルキナファソで一番私の思い出に残った出来事は、この露天青空シャワーだった。

エアコンから……

露天シャワーのホテルから7時間ほど車移動して着いたのは、ガウアという町のホテルだった。ホテルスタッフが部屋まで案内してドアを開けてくれた瞬間、私は感動した。だって、部屋にエアコンがついてるんだもん！　しかも、停電があたりまえのアフリカではこういうケースはぬか喜びであることがほとんどなのだが、今のところ停電はしていないという。ブルキナファソに来てから、あまりの湿度の高さに毎晩寝苦しくて寝不足気味になっていた私にとっては、これほど嬉しいことはなかった。ひさしぶりにテンションが上がった瞬間だった。

（あ、でもエアコンが壊れてるかもしれないから、スタッフが隣にいるうちに確認しておこう）

私はホテルスタッフからエアコンのリモコンをもらって、スイッチを入れてみた。その瞬間、ガッガッガッガッガッというありえない音とともに、エアコンが赤土を吹き始めた。

（えっ……なんでエアコンが土を吹くの？　この変な音は何!?　これもアフリカ式？）

ホテル周辺の風景

小心者の私はありえないエアコンの反応に正直かなりビビっていた。ホテルスタッフにこれは壊れているのかと聞こうと思った次の瞬間……。

エアコンの吹き出し口から、大きなイグアナが飛び出してきたああああ！！

ひさしぶりにマジでビビった。危うくチビるところだった。これがオバケじゃなくてイグアナで本当によかった。オバケだったら、間違いなくチビっていた。でも、ビビっていたのは私だけではない。隣にいたホテルスタッフも目を見開いて驚いていたので、飛び出してきたのがイグアナだとわかった瞬間、ふたりで顔を見合わせて大笑いした。

私たちはありえないところからイグアナが現われてめちゃくちゃビビったけど、イグアナもさぞ驚いただろうな。長いこと使われていなかったエアコンの中で静かに暮らしていたのに、いきなり電源を入れられて、追い出し食らっちゃったんだもん。このイグアナには悪いことしたなー。

アフリカの超有名占い師に会いに行く

この日の朝は、私が昨晩見た夢の話を何気なく話したことから始まった。

簡単に夢の内容を説明するならば、〝白人男性にストーカーのようにつきまとわれ、ひとりになったすきを狙われて、その男性に殺される〟という夢だった。

そんな私の夢の話を聞いたシセは心配してくれたのか「これは何か悪い予兆かもしれない。ナギは海外に行くことも多いから白人と接触する機会もあるだろうし、危ない目に遭う前に占い師にみてもらおう。この国には超有名な占い師がいるから！」と、ヤツにしては珍しく面白そうな提案をしてくれた。そんな流れで朝食後、シセのいう有名な占い師に会いに行った。

噂によると、これから会いに行く占い師はかなり有名な人らしい。

私が行った時期は雨期だったので予約は必要ないらしいが、乾期になると地元民だけでなく、彼に占ってもらうためだけに、イギリスやフランスからブルキナファソの田舎まで足を運ぶ人がいるくらい有名な占い師だとシセは言う。まさかこんなところで有名な占い師にみてもらえるなんて、スピリチュアル話や占い好きな私としてはかなり嬉しい！

しかし、占い師が住んでいる場所に着いて早々、さっきまでの期待が不安へと変わり始めた。だって、家の前に血らしきものをかけたであろう気味の悪い人形が無数に転がっているんだもの。シセは「この人形には動物の魂が宿っているんだぜ！」と言っていたが、よくも魂が宿った神聖なものをそんな雑に転がしておけるなと思った。その神経もちょっと怖かった。

そんな不気味な人形に若干おびえていると、目の前にひとりの老人が現れた。どうやらこのおじいさんが、有名な占い師のようだ。とくに挨拶も会話もすることなく、私とシセは薄暗い部屋の中に通された。その部屋は、鳥の羽が散乱し、家の前に転がっていたあの血のついた人形がいたるところに置かれていて、非常に血生臭くて不気味な空間だった。

とくに椅子があるわけでもなく、鳥の羽が散乱した床に座るようにおじいさんに促され、私が羽とほこりまみれになりながら座ると、おじいさんは「何を見たらいいんだ?」といった感じでシセと少し話した後、すぐに占いを開始した。こんな血生臭い場所に30〜40分くらい座ってなきゃダメなのかなと思っていたのだが、占いはたったの10分で終了。占いの結果をシセが聞いているあいだ、私は先に部屋を出た。だって、すっごい気味の悪い場所で耐えられなかったんだもの。

それからすぐにシセも占い部屋から出てきたのだが、シセの表情は曇っていた。そしてなぜかずっと下を向いて黙り込んで、私のほうをまったく見ない。もうあきらかに占い結果が最悪だったとしか思えない態度である。思わず不安になって「もしかして、何か悪いことでも言われたの? おじいさんがなんて言ってたのか、はやく教えてよ」と、話しかけると、シセは重たい口を開いた。


「ナギが傷つくから、言えないよ・・・」


いったい、あの占い師に何を言われたんだ!?!

「傷つくから言えない」ってことは、もしかして、余命宣告受けちゃった感じ? 私が見た夢が正夢になるってこと? もし〝死〟にまつわる占い結果だったのならば、傷つくじゃすまない。でも、死ぬなら死ぬで、その死を回避する方法を考えたいし、やれることはすべてやっておきたい。だから私はシセに「私自身の身に関わることならすべて受け入れるから、教えてほしい」と、普段のシ

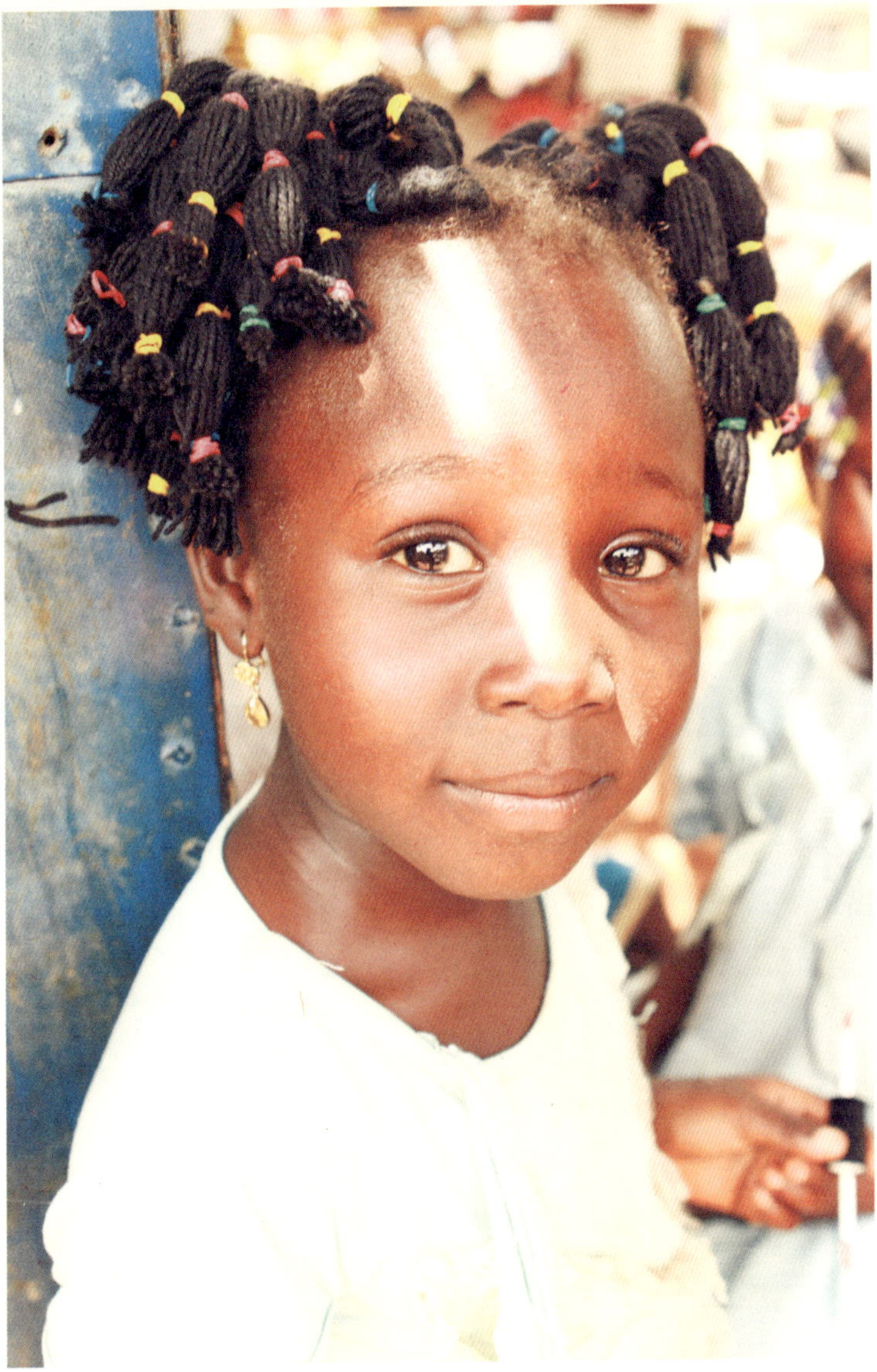

ブルキナファソの少女

セのしつこさを上回る勢いで、何度も何度もあきらめずに聞いた。しかし、シセはすぐには教えてくれなかった。

そのあいだも私はしつこく占い結果を聞いたのだが、シセはひとことだけ「ナギ、しつこいよ」とつぶやいたっきり、だんまりを決め込んだ。シセにしつこいと言われて（普段のおまえのしつこさは、こんなもんじゃねーぞ！）とひとこと言ってやりたかったが、そんなこと言ったら、なおさら結果を教えてもらえなくなりそうだったので、ここは言いたい気持ちをグッとこらえてみた。

そのかいあってか、数時間後、暗い顔をしたシセが「絶対に占い結果を聞いても泣かないと約束できるなら……」という条件付きで、結果を教えてくれることになった。

もう、ホンットに聞かなきゃよかった。マジで聞かなきゃよかった。

しつこく「聞きたい」と言ったのは私だけど、こんなに聞いて後悔する占いは生まれて初めて。なんなんだろ、この後味の悪さ。〝世の中には知らないほうがいいこともある〟っていうけれど、ホントにそう。このときほどこの言葉を身にしみて実感した出来事は、今にも過去にもない。

私がやっとの思いでシセから聞き出した占い結果、それは……。

「ナギと俺の相性は最高に悪いらしい」

「だからナギとオレは結婚なんてできないって。占い師が言うには、ナギはオレのことをすごく嫌っているって言うんだ」

ああ、正解だよ。

最初はシセが何を言っているのかサッパリわからなかった。だって私が不吉な夢を見たから、一緒に占い師のもとに行ったはずだったから……。

シセはひたすらそんな意味のわからないことをひとりで話し続けていたので「私が聞きたいのはそんな話じゃない！　私は〝今後の自分の未来〟について知りたいだけなの！　私が泣きかねない占い結果だったんでしょ？　それをはやく教えてよ」と、シセに向かってまくし立ててみたのだが……。

「ナギはオレのこと本当に嫌いなの？　オレと結婚できないことが悲しくないの？」と、まったく話が噛み合っていない。

もうホントに何言ってんの、コイツ。前々から面と向かって「嫌い！」って、言ってるじゃんか。今さら何言ってるんだか。とりあえず、私が話の通じないシセを無視して、改めて「私はシセとの結婚なんて考えてない！　早く私が見た怖い夢についての占い結果を教えてよ！」と伝えると、シセはとんでもないことを言い出したのだ。


「その件については聞き忘れた・・・」

ホントにホントに何やってんの、おまえ。どうして、おまえはそんなにポンコツなんだ。私が不吉な夢を見たから、ソレを心配して占い師のところに連れて行ってくれたんじゃないの？

自分で提案しておいて、なんで勝手に相性占いに切り替えてるの？　しかも、私のお金で！　百歩譲って相性占いをしてもいいけどさ、せめて、本来の目的は忘れないでよ。なんのために私はわざわざ占い師のもとまで行ったんだろ……。

でも、私にもひとつだけ、あの占い師について言えることがある。私はあの占い師のおじいさんとはまったくしゃべってないのに、あのおじいさんは私がシセのこと本当に嫌いなことを見抜いていた。ただ単純に、私がシセのことめっちゃ嫌いな雰囲気を出していたのかもしれないけど、それにしたって、シセよりよっぽど勘のいい男だと思う。

ん゛あ――。

次はあのおじいさんに、ちゃんと占ってもらいたい。もちろん、シセじゃない通訳を連れて。

女性のカラダ

突然、お恥ずかしい話（どちらかというと汚い話）で申し訳ないんですが、私、経血を垂らしちゃったんです。もちろん、好きこのんで垂らしたわけではありません。女性のみなさんなら一度や二度ぐらい、そういった失敗ありますよね？（え、モチロンあるよね？）

この日はいつものごとく、シセと口論していた。口論の原因は本当にくだらないことだけれど、この日、私がシセに怒った理由のひとつとして、シセが勝手に私の携帯電話をバッテリーがなくなるまで使っていたことが判明したから。

携帯電話は毎朝アラーム代わりに使用していたんだけど、アフリカでは日本みたいに24時間いつでも充電できるわけじゃないから、普段は極力使わないようにしてバッテリーをセーブしていた。なのに、シセは私の目を盗んでは携帯電話を取り出して勝手にゲームをしていたのだ。どうりでバッテリーの減り方がおかしいなと思っていたんだよ、マリにいるときから！

ふたつめの理由。人の携帯電話を勝手に使うシセの自己中さに腹が立って、もう顔も見たくなくて部屋に戻ったんだけど、シセがホテルのフロントから合い鍵を借りて勝手に部屋の中に入ってきたから。それに対して私が「出て行け」と言っているのに「もう機嫌直してよ。一緒にコレ見ようよ」と言いながらシセが見せてきた携帯電話の画面がセクシー女優の蒼○そらの動画だったから。

普通に考えて、人と仲直りしようとしているときにＡＶ見せるバカがいる？　私がめっちゃ怒ってるのに「これ日本人でしょ？」と、やめようとしない。どう考えても無神経過ぎるし、気持ちが悪い。こんなヤツに、このまま部屋に居座られたらたまったもんじゃない。私は身の危険を感じてシセを部屋から追い出したのだが、ホテルの通路でそのまま言い合いになった。

そんなとき（あれ……もしかしたら、来ちゃったかも）という気配を感じた。私は生理不順ゆえに、自分の生理がどのタイミングで来るかなんていうのがわからないし、何よりもシセに負けたくない一心で（いや、来てない。気のせいだ）と自分に言い聞かせて、シセに食ってかかっていた。が、やはり気のせいではないようだ……。

すぐにでもトイレに駆け込みたかったが、このタイミングでトイレに行ったら絶対シセに「ナギは逃げた！」と思われる。そう思うとトイレに行くタイミングをなかなか見つけられず、そうこうしているあいだにポタポタと足元に血が垂れてきてしまったのだ。

最初は何食わぬ顔して、その血を足で踏み隠していたのだが……結局シセにバレてしまった。そして、思っていた以上にめんどくさい展開になってしまった。「早くトイレ行ってこいよ」とでも言ってくれるかと思ったのだが、血を見たシセの言葉に私は驚いた。

「ナギはオレとケンカして、ショックを受けているんだね」

いやいやいや、ムカついてはいるけど何ひとつショックなんて受けちゃいない。いくら私が「ショックなんて受けてない！　ただの生理だから！」と言っても、シセは聞く耳を持たない。それどころか「女って生き物は、ショックを受けると血を流すってことくらいオレは知っている」なんて言い出した。

私は24年間、女として生きてきたつもりなんですけど、ショックでアソコから血を垂れ流したことなど一度もないんですけど、どういうことでしょうか？　ヴァレンタインに手作りチョコレートを好きな人にゴミ箱に投げ入れられたのを目撃しても、前触れもなく彼氏に振られても血なんて出ませんでしたけど。大好きなおばあちゃんが死んだときも、涙は出ても血は出ませんでしたが……。

「アンタに女のカラダの何がわかる！　何もわかっちゃいない！」と、私に言われても、シセはよくわからない持論を展開し続けていた。最初はすんげーめんどくさい男だなと思って話の長いシセにイライラしていたのだが、徐々にあきれるのを通りこして（よくもこんな根拠のないことを、あたかも自分が正論を述べているかのように語れるなー）と、感心してしまった。

もともとシセと仲よくなれるなんて思ってもいなかったけど、このとき、コイツとわかりあえる日なんて一生こないんだろうなあ……と、確信した日だった。

空港で大号泣

——マリ&ブルキナファソ旅行が今日、やっと終わる。

シセと出会ってからの約2週間、とにかく精神的にシンドかった。こんなに毎日怒ったり、不愉快な思いをしたのは初めてだったし、旅行が終わることがこんなにも嬉しいと感じるのも初めてだった。こんな旅行、これが最初で最後であってほしい。

私はブルキナファソの空港に到着してからは、シセと1秒でも早く離れたくて、さっさと車を飛び降りてチェックインカウンターのほうへ向かった。シセはそんな私を「ナギ！」と大声で呼び止めた。（今日までの謝罪か？　それとも人間らしく最後にお礼でも述べるのか？）と、一度足を止めて振り返ってみた。

「寂しくなったらいつでも連絡してきていいよ！
あと、ターザンは忘れずにすぐ送ってよー！！」

最後の最後までシセのウザさは健在だった。

私はくるりと向きを変え、チェックインカウンターへと進んだ。

一番のお荷物だったシセと別れ、あとは飛行機に乗って日本に帰るだけ。この先には、行く手を阻むモノは何ひとつないと信じていた私の足取りは軽かった。

アフリカの空港は手際が悪くて、必要以上に時間がかかる。だから余裕をもって到着して並んでいたはずなのだが、私の順番になったときにはスムーズにチェックインをすませてもらわないと間に合わないくらい時間がおしていた。だって、この後のセキュリティチェックとか出国審査でも何が起こるかわからないもん……。

私は自分の番が来るなり、すぐにパスポートとチケットを提出したのだが、スタッフのおねえさんはなぜかそれらを受け取ろうとしない。そして、眉間にシワを寄せながらフランス語で何かを言っているのだが、私にはサッパリわからない。「英語でお願いします」と言っても彼女はフランス語をしゃべり続け、私のパスポートとチケットを突き返してくる。一瞬、私が航空会社やチェック

ブルキナファソの女性

インカウンターを間違えたのかと思ったのだが、私が間違っているわけではなかったし、他のカウンターに行けっていう雰囲気でもなさそうだった。

(相手が英語をしゃべらないのなら、シセのようにしつこくいくしかない)

私は、突き返されるパスポートを突き返し、チェックインしてくれと訴えかけた。が、彼女は私のパスポートを床に投げ飛ばして、後ろに並んでいたアフリカ人のチェックインをし始めたのだ。

(たまったもんじゃない!)

私は自分のパスポートを拾い、次のアフリカ人のチェックインを始めたおねえさんの前に自分のパスポートを突き出した。が、またもパスポートを床に投げ捨てられた。なんだろう、この悔しさは。これは新手の東洋人差別なのだろうか。

悔しかったけど、ここで負けたらチェックインしてもらえないどころか、日本に戻ることすらできない。私は粘り強くパスポートを突き出しながら「飛行機乗り遅れちゃう」と訴え続けたのだが、あろうことか今度は私がパスポートを拾えないように荷物レーンのほうに投げられてしまったのだ。

(もう、ダメだ。このままじゃ、絶対飛行機乗り遅れる……こんなところで飛行機に乗り遅れたら誰も助けちゃくれない。こういうときはもうアレしかない)

——そう、もうアレしかない。こういうときはアレにかぎる。

私は声を上げて泣き出した。「この人、悪いんです。この人、チェックインしてくれないんです」と言わんばかりに意地悪した女性スタッフの目の前で彼女を指さして号泣してみせた。すると、さつきまで見て見ぬ振りしていた他の客やスタッフたちの視線が、徐々に女性スタッフに向けられた。彼女は「私は何もしてないわ!! 私は悪くないわよ！ 勘違いしないでちょうだい」といった感じで、あわてて私のパスポートを拾い、チェックインを始めた。

が、一度流れ出した涙は止まらない。もうこの時点では悲しくも悔しくもなんともなかったのだが、マリとブルキナファソに来てから涙腺がバカになってしまって、簡単に泣けるようになってしまった代わりに、その涙はなかなか止まらなくなってしまっていた。

（チェックインできたのに、今度は涙で前が見えないよー）と、ひとりでおいおいと泣いていると見かねた空港職員のおじいちゃんが私の腕を引っ張って、セキュリティチェックまで誘導してくれた。

そのおじいちゃんは泣いてる私の背中をやさしくさすりながら「もう泣くな。大丈夫だから」と私に声をかけつつ、ダラダラとセキュリティチェックしているスタッフに「この子はもう時間がないんだ！」と、優先的に私を通すように交渉してくれたり、出国審査でも私の代わりにしゃべってくれた。そして最終的には、私が飛行機に乗り込むところまで見届けてくれたのだ。

飛行機に乗って、隣に座った白人男性に「おまえの泣きっぷり、あっぱれだったぜ！ あのアフリカ人もマジびびってたな！」と声をかけられて、ふとわれに返った。恥ずかしい、日本人として恥ずかしいことをやらかしてしまった。

でも、今回の旅で私はまたひとつ、アフリカ人の習性を学んだ。やはり彼らアフリカ人は、自分が悪者とされることをとても嫌がる。だから泣いてわめかれたときに自分に視線が集まることを恐れるため、話してもわからない相手ならば泣きわめくのが一番早い気がする。もちろん、できることなら何事も穏便に片づけるにこしたことはないと思うけど。

（※ローカルなアフリカでの話ですよ、念のため）

なんでメールをくれないの？

私はブルキナファソから戻ってから9日間ほどインドネシアまで遊びに行っていたのだが、この旅行中、私の携帯電話は、とある人物からのメールを何度も受信することになった。

「ナギ、なんでオレにメールをくれないの？」

「オレ日本語は読めないけど、ナギのブログにアクセスしたらオレの名前がたくさん書いてあったよ。きっとナギは毎日オレのことを愛してるって書いているんだよね？　それなら、ブログなんて書いてないで、今すぐオレにメールしてよ」

シセ、おまえは私が日本に戻ってもつきまとう気なのか？　私はブログにシセに対しての愚痴は綴ったが、愛してるなんて綴った記憶はこれっぽっちもない。よって、これは迷惑メールと即判断して即スルーした。

そして翌日、またシセからメールが届いた。

「Nagi, I love you! I miss you! Please send me G-SHOCK soon!!」

コイツはもう少し上手におねだりができないのだろうか。

G-SHOCK欲しさにI love youと言ってしまうシセの薄っぺらさが非常に気持ち悪い。結局、私はブルキナファソから日本に帰ってきて1カ月半という短いあいだに、同一人物から同じような内容のメールを20通ほど受信している。そんなメールの中に、1通だけ「お金払うからG-SHOCK送ってくれ」というモノがあったので、私はそれに対してだけメールを返してみた。

「シセが欲しいって言ってたやつ、100ドルで買えるって言ってたけど、300ドルもするよ。先に送金してくれたら買って送ってあげるから、欲しいなら送金して」という私のメールに対して、シセからの返事はこうだった。

「そんなに高いお金、送れないよ……。ナギがマリとブルキナファソにいるあいだ、オレはナギがしあわせに過ごせるようにベストを尽くしたことはわかってるだろ？　ナギがオレを愛しているなら300ドルなんて安いはずだ。違うか？」

そうだねぇ、もし、本当に私がシセを愛していたら、まず20通ものメールで催促される前にG-SHOCK送ってあげてるけどね！　日本人って露骨に「ちょうだい！」って言われれば言われるほど、あげたくなくなるんだけど、そういうのもまったくコイツはわかってない。

メールが来るたびに(あいかわらずウザイなー。しつこいなー)って思うんだけど、帰国した今でもシセにはたびたび笑わせてもらっている。そう考えれば、300ドルのG-SHOCKなんて安い気もするんだけど、プレゼントしたら勘違いがひどくなりそうだし、違うモノを新たにねだられるに決まっている。絶対、こういうヤツには何もあげちゃいけないんだ。絶対ろくなことがない。

ということで、あばよ、シセ。G-SHOCKは自分でがんばんな。

04

ジブチ

2011年5月→

国名:ジブチ共和国

首都:ジブチ

面積:2万3,200㎢(四国の約1.3倍)

人口:88万人(2013年)

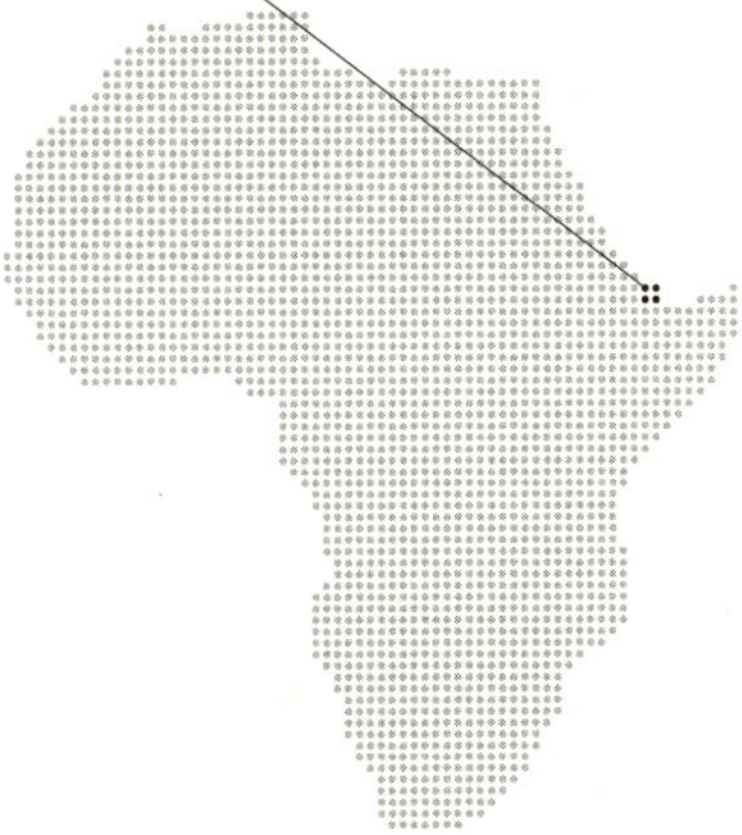

とにかく、暑い。ホントに暑い。
首都の人は驚くくらい
大人も子供も目がキレイ。

何にもない小さな国

世界地図を広げながらエチオピアを見ていたとき、エチオピアの横にちょこんとある小さな国を見つけた。それがジブチだった。地図を見るまで聞いたこともなかったジブチ。ネットで調べてみても、あまり情報はなかった。しいてあげるとしたら〝何もない国〟とか〝世界一暑い国〟といったところだろうか。ネット情報を見るからには面白そうなものは何もなかったのだが、〝大好きなエチオピアの隣にある＝ヨシダ好みの国に決まっている〟と思い込んだ私は、エチオピアに遊びに行くついでに、ジブチに立ち寄ってみることにした。

成田を出発してから丸一日かけてたどり着いたジブチ。そこは私が想像していた〝アフリカの国ジブチ〟ではなかった。首都のジブチシティは、道はコンクリ。建物もめっちゃキレイに建ち並んでいて、全然アフリカ独特の土っぽいニオイがしない。

――めっちゃ都会じゃん、ジブチ。

ネット情報を無視して、勝手に妄想を膨らませてジブチに来た私が悪いんだけどさ。そんな感じであまりテンションが上がらぬまま、ガイドのフセインと合流した。

翌朝、私はフセインの小さな車で首都を出発した。出発してから、わずか10～15分くらいで窓の外の景色がガラリと変わった。家や建物は消え、人も消えた。木だって数えるほどしかない。私の目の前に広がるのは長い1本のコンクリートの道路と、何もない真っ平らな大地だけ。最初は、この何もないシンプルきわまりない景色がとても新鮮だった。しかし、さすがにこの変わりばえのしない景色が2時間も3時間も続いてくると、正直飽きてきた。

察しのいいガイドのフセインは「どうだい、ジブチは？　退屈だろ？」と、ニヤリと話しかけてくる。本来、こんなふうに話を振られたら、楽しくなくても〝楽しい〟と答えるべきなのはわかっている。だけど、私は「こんなに何もない国は初めて。こんなに人がいない国も初めて。私は人が見たいのに、それすら見られなくて退屈」と、バカ正直に答えてしまった。

が、フセインは「ナギ、世界はものすごく広いけど、こんなに何もなくて動物すらいない国はアフリカでも珍しいと思わないかー？　人ともすれ違わない国なんて、もっと珍しいと思わないか？」と、にっこり語りかけてくる。そして、彼はこう続けた。

「何もないところから新しい目標や楽しみを見つけることは難しいかもしれないけど、それができるようになったら、さらに人生を楽しめると思わないかい？　日本という国はアフリカと違って豊かだし、すばらしい技術を持っている人々だと思う。だけど、豊か過ぎるがゆえに、今の日本人は何もない中で楽しさを見つけることが苦手になっていると思うんだ。私たちアフリカ人には日本のような技術はないし、お金もないから、欲しいものすら簡単に手に入らない。けど、小さいころからそんな環境で過ごしてきているからこそ、私たちは何もない中から新しい遊びや楽しみを見つけることが得意になったんだ。人は、配られたカードだけで勝負しなきゃならない。ないものねだりをしても無駄だろう？　だから、こんな何もない国で暮らしていても、私たちは毎日それなりに楽しむことができてるんだ」と。

私は自分の考えの甘さと視野の狭さが恥ずかしくなった。私は〝人が見たい〟とか〝ジブチ人の写真が撮りたい〟と、自分の欲ばかりで、それができない・変えられない環境に、ただ不満を抱いてるだけだった。でも、不満ばかり言っていても、この何もない国が突然魅力的に変わるわけじゃない。だって、本当に何もない国なんだもの。

だけど、フセインの言うように、この配られたカード（何もない国）でいかに自分が楽しむかが最も重要なことで、必要とされるスキルなんだと思う。彼のようにものの見方を変え、少しでも柔軟な考え方さえできれば、人はどんな環境下であっても、いかようにも楽しむことができるのだ。

やっぱアフリカ人って、すっんげー！

アフリカ人は親や学校でさえも教えてくれないことを、惜しみなく教えてくれるんだもん。

（シセからは「忍耐」というものを学んだが）

フセインとのロングドライブからホテルに戻ってきた私は、まだ遊び足りなかった。そんな私を察してか「ジブチシティはとても安全だ。ひとりで出歩いても大丈夫だから、もし、退屈だったら町でも散策しておいで」と、フセインは言う。基本的にアフリカでは夕方になると「絶対にひとりで出歩くな」と言われるのだが、ひとりで出歩いていいということは、ジブチはとても安全な国なのだろう。そこで私はひとりで散歩に出かけることにした。

ジブチシティで拉致られる

ジブチシティを歩いていると、さっそく背後から変な声が聞こえた。

「ナカムラァ、ハロー！ ナカムラー！」

（〃ナカムラ〃っていう発音のフランス語があるのかしら？）

（それとも、日本人の中村さんって人を呼んでいるのかしら？）

ふとそんなことを考えたりもしたが、まあ、自分はナカムラでもなく、まぎれもなくヨシダなので関係ないと思い、そのまま無視して歩くことにした。

しかし、最初は「ナカムラァ」と声を発していたのが1人だけだったのに、2人、3人と増え始めて、気がつくと「ナカムラー！」という叫び声が、いたるところから聞こえるようになっていた。（もし

ROYALS

ジブチシティ

かして、ナカムラって中村俊輔選手のこと!?　みんな、サッカー好きなんだなあ）なんてのんきに歩いていた次の瞬間、私のリュックがグイッと強い力で引っ張られた。

（ヤバイよね、コレ？　強盗……？　おとなしくバッグ渡したほうがいいのかな？）

おそるおそる振り返ると「ハロー、ナカムラー！　ナカムラァ！」と、ひとりの男が私のリュックを引っ張りながら白い歯をむき出して笑っていた。そして、その男の背後にも数人の男が私を見てニヤニヤしていた。

（全然、安全じゃないじゃん、ジブチシティ!!　フセインのバカ！）

ビビる気持ちを押し殺して、私は「I'm Yoshida! not Nakamura!」と答えたのだが、彼らはさらにニヤニヤしながら「おまえ、日本人だよな？　そうだよな？」と尋ねてきた。私がコクリとうなずくと、彼らはアフリカ人特有の動物のような雄叫びを上げて大はしゃぎし始めた。いまいち状況が掴めず、不安になった私はこの場から早く逃げたくて「何かご用ですか？」と、おそるおそる尋ねてみた。

すると、突然、ひとりの男が私を肩に担いで雄叫びを上げながら、夜のジブチシティを猛ダッシュし始めたのだ。


ついに、拉《ら》致《ち》られたあああ……。

（どっか変な場所に連れて行かれて、きっとレイプされて殺されちゃうんだ……フセインの言葉なんて信じなきゃよかった……)

突然の出来事と恐怖に、涙と鼻水がとめどなくあふれ出てきた。このとき初めて〝絶望〟という言葉の意味を体感した。

私の涙と鼻水が私を担いでいた男の背中に垂れていたのか、男は私よりも背中を一度確認した後、急に止まった。そして「お嬢ちゃん、どうした!?! ビックリさせちまったのかな? もし、そうなら悪かったなー」と、ごつい手で私の頭を撫でまわしてきたのだ。

(なに? なに? どーいうこと……?)

まったく状況が理解できない私に、彼らは白い歯をむき出しながらあっけらかんと、こう言った。

「オレたち日本人が超好きなんだよね! でも、日本人の若い女の子は見たことなくて、つい嬉しくなっちゃって!」

(ああ、そうなの。そうだったの。とりあえず、拉致じゃなくてよかったわ)

拉致じゃないとわかったものの、私の涙はなかなか止まらない。でも、そこはアフリカ人!

「シスター、ゴメンよー! いっぱい泣いたから腹へっただろう? メシおごってやるからオレらと一緒に食いに行こうぜ!」と、つねに陽気である。そして、ヨシダの涙は簡単にメシで買収された。

最初はレストランに着いてもふてくされていた私だが、目の前においしそうなピザが出てきて、それをほおばっているうちにケロっと機嫌が直った。このとき改めて、単純な性格でよかったと思った。帰るころには拉致未遂の男たちとも打ち解けることができ、帰り道はずうずうしくも彼らにおんぶしてもらってホテルまで送ってもらった。

あー、お腹いっぱい。

潔い物乞いたち

ガイドのフセインに「ジブチシティは楽しめてる？　何か思い出はできた？」と、聞かれた。私が昨夜の夜道で拉致られたかと思ったらピザをごちそうになったという話をすると、フセインは笑いながら「ジブチシティには、まだまだナギが面白いと思いそうなことが残っているよ」と言う。

さっそく、フセインにジブチシティの面白さを教えてもらうべく、私は彼の後ろにくっついて歩いた。しばらく歩いていると、前からペロペロキャンディを笑顔でほおばっているかわいらしい女の子が歩いてきた。彼女は私を見るなり、今までなめていたキャンディをポケットにあわててしまった。（べつに盗りゃーしないわよ）と思いながらも、その子の横を私が通り過ぎようとしたときだった。彼女は元気よく「Money!」と言いながら手を出してきた。

（ヤッパリこの国にも物乞いがいるんだ。きっと、しつこいんだろうなあ……）と、思いながらも、彼女がキャンディを隠したポケットを指さして〝さっきキャンディなめてるの見たぞー！〟と、私は目で訴えかけた。すると、彼女は「やっぱりバレてたかあ♫」と言わんばかりに、舌をペロっと出して、お茶目に笑いながらスキップして去ってしまった。なんてアッサリした物乞いなんだ……！　あまりにもアッサリし過ぎている少女の姿に、私はなんだか拍子抜けしてしまった。

そして、そんな私の腕を横から引っ張る人がいた。

（また物乞いか……？）と、横を向くと中年女性が「Money」とつぶやきながら手を出していた。いったん、フセインを見て助けを求めてみるが、彼は笑顔で「大丈夫。自分の思うようにやってみなさい」と、助けちゃくれない。物乞いにガッチリ腕を掴まれて、目まで合ってしまって非常に気まずかったが「あげられるモノがありません。ごめんなさい」と私は軽く頭を下げてみた。コレで頭を上げたらさらに悲しげな表情で同情を誘われるんだろうなと思っていたのだが、物乞いの女性はさわやかな笑顔で「OK! No problem!」とだけ言い残して軽い足取りで去ってしまった。

アンタたち、アッサリしすぎじゃない!?

あまりにもアッサリした物乞いの登場に、なんだか笑いがこみ上げてくる。フセイン曰く、彼らはもらえたらラッキー程度にしか思っていないから、もらえなくてもまったく気にしないらしい。これがジブチ人の性格らしい。もう、こんだけ潔い物乞いを見てしまうと、次に出会う物乞いがよりいっそうしつこく感じてしまいそうだが、今までの〝物乞い〟というイメージを覆す出会いだった。

新しいタイプの物乞いとの出会いに少し衝撃を受けながらも、私はフセインとアイス屋さんに入った。（このアイス屋さんで面白いことが起こるのかな？）と、期待を膨らませていたのだが、フセインは普通にアイスを買っただけだった。（期待して損した……）と、一瞬思ったりもしたが、彼から山盛りのアイスを受け取ったときには、もう面白いことなんてどうでもよくなっていた。私の頭ん中はアイス一色になっていた。

（※アイスクリームはヨシダの大好物のひとつである）

とはいえ、全種類のアイスに口をつけると心は満たされ、不思議ともうアイスなんかいらない状態になってくる。せっかく買ってもらった山盛りのアイスなのだが、私に食べきれる量ではない。正直にフセインに「もう食べられない」と言ってみると、彼は「もう僕も食べられない。ナギ、ちょっと見ててね！」と、ほほえんだ。

（何を見ていればいいんだ……？）と思いながらも、食べ残しのアイスを片手に歩いていると、すれ違いざまにひとりの少年が絶妙なタイミングでフセインの手からアイスを取っていったのだ。すかさず私は「あの子、フセインの知り合いなの？」と、聞いたのだが「全然知らないよ。今すれ違っただけの子だよ」と、ニッコリ笑う。

まったく意味がわからないんですけど。どういうことですか。ヨシダには理解できません。

状況がまったく飲み込めない私にフセインは「さあ、ナギもアイスが液体になる前にあげちゃいな」と言う。「あげるって、誰に!?」と、私が驚くと「さっきの見てたでしょ？」と、フセインはあっさり言う……。確かに見てはいたけど、何がどうなっていたのかはサッパリわからなかった。でも、彼は少年とすれ違いざまにアイスをパスしていたから、きっと私も誰かとすれ違えばいいのだろう。

私は目の前から歩いてくるひとりの少年を確認し、右手にアイスをセットして歩いた。

（あのときフセインは無言だったけど、何か声かけたほうがいいのかな？　それとも、目で合図すればいいのかな？）なんて考えているうちに、あっというまに私は少年とすれ違ってしまった。しかも、これまた絶妙なタイミングで、少年は私の右手からアイスを取って行ったのだ。私が振り返ったときには、彼は私の食べかけのアイスをおいしそうに食べながら歩いていた。

この日本ではありえない光景に、私は驚きを隠せなかった。

確かに、私は食べ残しのアイスを誰かにあげるつもりでいたけど、私はひとことも「君にアイスあげる」なんて言ったわけでもないし、なんの合図もしていなかった。もちろん、アイスを持っている手を前に出したりもしていなかった。

だけど、私とフセインの手からすれ違いざまにアイスを取っていった少年たちは、もう私たちがアイスをいらないことをちゃんと察していた。だからって、少年たちはどんなタイミングでも持っていくわけじゃない。私たちがアイスを食べ歩きしているあいだは、誰も横取りしたり、手を出して来る人はいなかったから。

とにかく絶妙過ぎるタイミングに驚く私に、フセインは笑いながらこう言った。

「これがジブチ人さ」

粋《いき》やん。

05

エチオピア2

2011年5月→

国名:エチオピア連邦民主共和国
首都:アディスアベバ
面積:109万7,000㎢(日本の約3倍)
人口:約9,696万人(2014年)

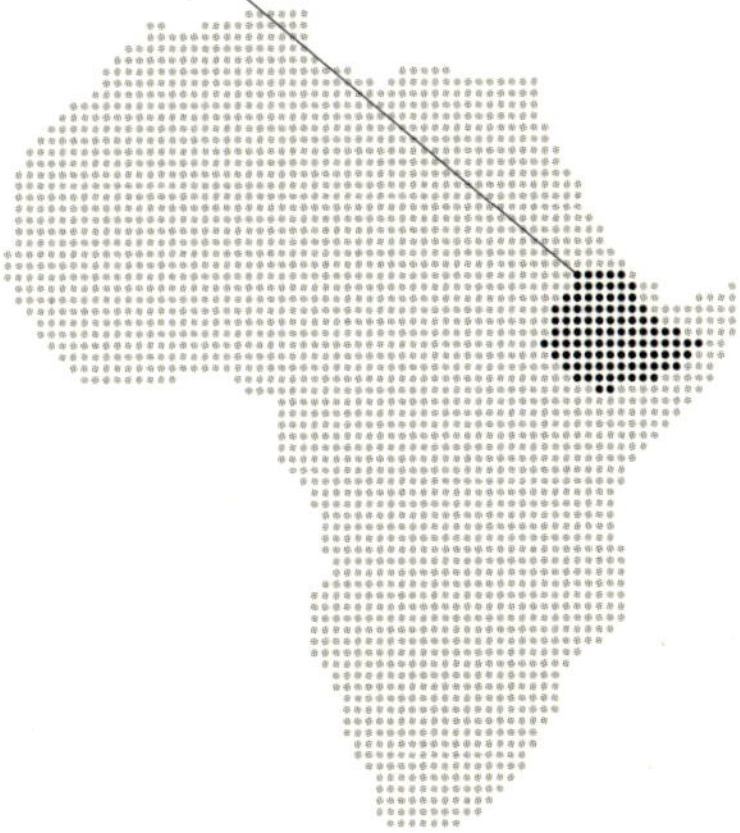

インジェラに〝慣れ〟という言葉は存在しない。しかし、エチオピアに来るとなぜかホッとする。私にとっては第二の故郷。

ラクダ肉とハイエナマン

ジブチでの一風変わった出会いと出来事をいったん心にしまい、私はエチオピアへと向かった。

空港でガイドのベイユーと再会して思った。私はエチオピアが好きだ。訪問を重ねているせいか、それともエチオピア人と相性がいいだけなのかはわからないけれど、他の国のように気を張る感じがまったくない。言葉もベイユーから英語を学んだということもあって、どんなガイドよりも彼の英語は聞き取りやすいし、誰よりも彼は私のつたない英語を理解してくれるから、安心感が違う。

しかも、私がどんなにへたくそな英語でシセの愚痴をぶちまけようが、ジブチでの思い出話をしようが、必ずベイユーは「ナギ、英語上達したね！」「もう英語はバッチリだね！」と、大げさなくらいほめて、私のことを伸ばしてくれる。本当にベイユーは人との距離感もわかっているし、優秀なガイドだった。そんな彼のことを私は信用していたし、兄貴分として大好きだった。でも、ひとつだけベイユーの大嫌いなところがあった。

それは、頭が固過ぎるところ。

ベイユーは敬虔なエチオピア正教徒で、きわめて誠実で真面目な人間である。それが彼のいいところでもあるのだが、その半面、融通が利かないところが多々ある。それは初めて会ったときからうすうす感じてはいたのだが、それが浮きぼりになったのは今回一緒にベイユーとハラールに行ったときのことだった。

ハラールではベイユーの友達のアシャナフィも加わって3人で遊ぶことになったのだが、私はアシャナフィから面白い情報を手に入れた。アシャナフィ曰く、このハラールではラクダ肉が食べられるらしい。ベイユーはベテランガイドだから、エチオピアの文化や歴史のことを惜しみなく教えてくれるのに、なぜか食べ物のことに関しては情報が乏しかった。でも、それはエチオピアの食のレパートリーが少ないからだと思い込んでいたのだが……違った。

アシャナフィからラクダ肉が食べられると聞いた私は「ラクダ肉、食べてみたい」と、アシャナフィにすり寄った。その瞬間、ベイユーは（食わせるとか言うんじゃねーぞ）と言わんばかりにアシャナフィに肘鉄を入れたのだ。そして、ベイユーは怖い顔をして「ナギ、ラクダなんて食ったら絶交だからな！」と言い始めたのだ。突然の〝絶交〟という言葉に返す言葉を失ってしまった。

しかし、絶交なんておどしに決まっている！　食に対して貪欲な私は、肘鉄でよろけるアシャナフィに「ラクダ食べたい！」と、さらにすり寄った。

そんな私の言葉を聞いて、ベイユーの表情はどんどん曇っていった。そして「そんなもん人間が食うもんじゃない！　ナギ、絶対食べちゃダメだ。アシャナフィ、おまえもクリスチャン（エチオピア正教徒）だろ!?　だったら、ナギにラクダなんて食わせんな！」と、怒り出した。

アシャナフィは、怒り狂うベイユーを「ごめん、ごめん。わかった、わかった」となだめ始め、ラクダ肉を食べる気満々でいた私に「ベイユーが怒ってるからやめよ。あきらめよう」と、言い始めた。えー。エチオピア正教徒なのはアシャナフィとベイユーだけじゃん。私、無宗教だもん。日本では絶対に食べられないラクダの肉にとんでもなく惹《ひ》かれていた私はあきらめきれず、アシャナフィだけ呼び出して「アシャナフィはラクダ食べたことあるんでしょ？　私は無宗教だからラクダ食べても平気だし、アシャナフィも前に食べたなら一緒に食べてよ。さすがに、私ひとりでラクダ食べたら肘鉄じゃすまなさそうだし。しかも、この機会を逃したら私は一生ラクダ食べられない気がする」と、彼を丸め込んだ。ベイユーにはアシャナフィから「ナギには、イスラム教徒の人たちがラクダを実際に食べてるところを見せるだけだから」と、説得してもらった。

ラクダが食べられるという食堂は横に肉屋が併設されており、そこで好きな肉を買って調理してもらうスタイルになっていた。私が肉屋をのぞいていると、観光客が珍しいらしく、肉屋のおじちゃんが「嬢ちゃん、ラクダあるよ！　ラクダ肉は食ったことあるか？」と、話しかけてくれた。（いいぞ、おじちゃん！　もっと私に話しかけてくれ！）と、内心そんなことを思いながらも、私はおじちゃんに「食べたことないから食べてみたいなあ……」と、笑顔で返した。すると、その言葉を聞いたおじちゃんが「チョット待ってろ」と言って、厨房から焼いたラクダの肉を一ピース持ってきて、私の口に放り込んでくれた。さすがにベイユーもこればっかりは止められなかったようだ。私がすかさず「ラクダ肉、おいしいー!!」と言うと、その言葉を聞いた周りのお客さんたちが〝この

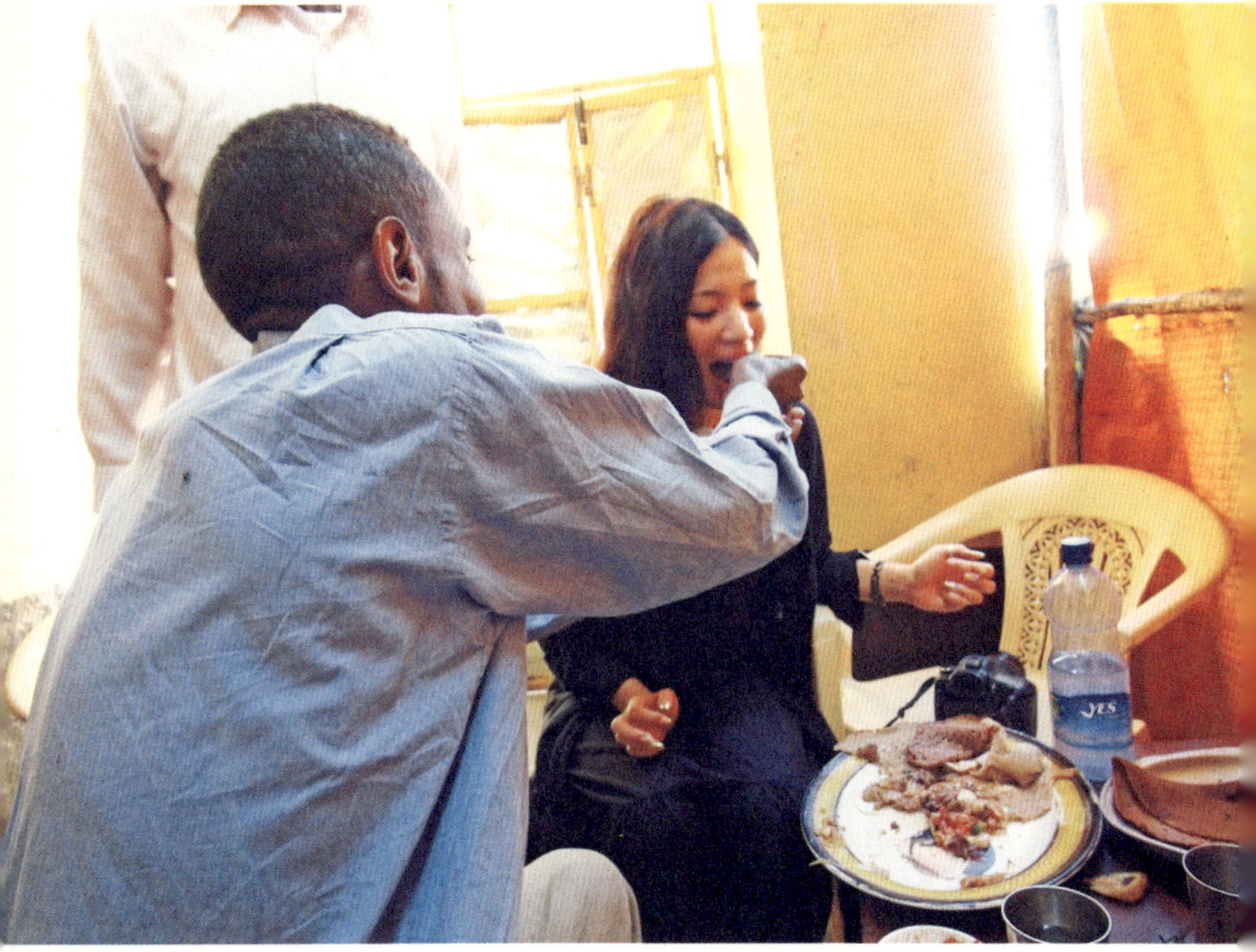

ハラールでラクダの生肉

白人、オレらと同じラクダ肉食ってるぞ！　コイツは味のわかるヤツだ！〃と、言わんばかりに、自分たちが食べていたラクダ肉を、私の口の中に放り込んでくれた。

もう、この時点でベイユーは頭を抱えてうつむいていた。が、食ってしまったものはしかたない。ひとくち食べようが、1キロ食べようが、食べたことには変わりはない。どうせ絶交されるならこの際、思いっきり食ってやろうと思った私は、ずうずうしくも他のお客さんたちに混じって、彼らのオーダーしていた生肉を食べていた。そして、どうせ怒られるならアシャナフィも道連れにしてやろうと思い、アシャナフィの口にもラクダ肉を突っ込んだ。

そんな私の食いっぷりを見ていた他のテーブルのお客さんたちが「コッチには生のラクダ肉があるぞ！　食ってみるか？」と、誘ってくれた。生肉は大好きだ。迷わず「食べるー！」と答え、そのテーブルまですっ飛んでいった。

ラクダの生肉、超うめーーーーっ！！

へたしたら、今まで食べた肉の中で一番うまい！　たとえるならば、臭みとクセのない甘みのあるレバーのような感じ。私は自分でもラクダの生肉をひと皿オーダーして、ペロリとたいらげた。もちろん、そのあいだ、ベイユーの顔は怖くて見ることができなかった。

その翌日、お腹をめちゃくちゃくだした。

ラクダの肉やミルクはアフリカ人でも消化できる人とできない人がいると聞いてはいたのだが、やはり日本人の私にはラクダの生肉なんて消化することができなかった。これまでの人生の中で、最もヒドイくだしっぷりだった。ベイユーには「ほらみろ。罰《ばち》があたった」と冷たく言われてしまったが、この罰のおかげで「もう罰があたったから許してあげる」と、ベイユーからは絶交されずにすんだ。

あー、お腹こわしてもいいから、またラクダの生肉食べたーい。

——その夜。

懐中電灯なしでは歩けない夜7時。ベイユーとアシャナフィに突然、尻を叩かれ「ナギ！　レッツゴー！」と、外へと駆り出された。どこへ行くのかも教えてもらえず、2人に引っ張られるがままに真っ暗なハラールの夜道を20分くらい歩いたころだろうか。真っ暗な闇の中に、犬らしきものが見えた。私が「こんなところに犬がいるよー！　珍しぃー！」と、犬に向かって走り出したその瞬間、ベイユーとアシャナフィがとっさに私の手を引っ張って引き戻した。

「ナギ、行っちゃダメだ。あれは野生のハイエナだ」

え、ハイエナ？　なんで町の中に野生のハイエナがいるの？　まあ、そんなこと言ってもアフリカだから何がいても、何が起きてもおかしくはないんだけど、危うく走って行って野生のハイエナを挑発するところだった。あー、危ない、危ない。

ベイユーとアシャナフィの手をしっかり握って、真っ暗闇の中を進んでいくと、どこからともなく男の奇声と犬笛のようなものが聞こえてきた。その音が放たれているであろう場所に着くと、そこには数人の観光客と地元民が懐中電灯片手に突っ立っていた。（これは何かショーでも始まるっぽい！）と思った瞬間、シセ似の男が奇妙な叫び声とともに生肉をエサにハイエナをおびき寄せ、戯《たわむ》れ始めたのだ。その男は野生のハイエナと一緒に寝そべったり、キスしたりと、まるでムツゴロウさんのようだった。ベイユー曰く、このムツゴロウさんは地元では有名な〝ハイエナマン〟と呼ばれている男らしい。

（世界中、どこにでも怖いもの知らずの人はいるんだなー）と、感心しながらムツゴロウさんとハイエナの戯れを眺めていると、目が合ってしまった。ムツゴロウさんと……。私はすぐに目をそらしたのだが、時すでに遅し。暗闇で白い歯を光らせながら「そこのお嬢ちゃん、コッチへ来い！」と、叫びながら手招きしているではないか。

いったい、この男は何を考えているのだろうか。

言葉が通じない野生動物相手にカラダを張るなんて、素人の私にはできるわけがない。もしものことがあったらどうするつもりなんだ？　私は思いっきりムツゴロウさんを無視した。

なのに、本来味方であるはずのベイユーとアシャナフィが「イケ！　イケ！　やれ！　やれ！」と、嫌がる私の背中を押して、ムツゴロウさんに差し出したのだ。

（なんて薄情なヤツらなんだ。もしものことがあったら絶対枕元に仁王立ちしてやる……）

ハイエナマン

もう、ヨシダ、パニック状態。

ムツゴロウさんは「絶対に動くんじゃない。お嬢ちゃんが動かなければ大丈夫だから」と、私を落ち着かせようとするが、野生のハイエナ10匹に囲まれて穏やかでいられる素人はそういないだろうよ。普段、大声を出したりするほうではないが、震えと悲鳴が止まらない。こんなにも私が追い込まれておびえているのにもかかわらず、ベイユーや観光客たちは大盛り上がり。私がヒェーと言えば、キャッキャと喜ぶ。その声を聞いてか、サービス精神旺盛なムツゴロウさんは、わざと私の頭の近くでエサをチラつかせてハイエナを煽《あお》る。ムツゴロウ、このヤロウ。

ハイエナはエサを目がけて容赦なく私に飛びかかってくるわけなのだが、今回、目の前でハイエナを見るまでは、ハイエナというのは大きくてもゴールデンレトリバーくらいのサイズ感だと思っていた。でも、このハラールの野生のハイエナは全然違って、どいつもこいつも養豚場の豚のような豊満ボディをしているうえにバカでかい。

そんなボディのやつらが容赦なく飛びかかってくる衝撃に、私はバランスを崩して倒れ込んでしまった。なのに、ムツゴロウさんは私に手を差し伸べるわけでもなく、倒れた私の頭の上でエサをチラつかせていたし、ハイエナはムツゴロウさんに操られるがままに私の髪を巻き込みながらエサにむさぼりついていた。

（お願いだから早く終わってー。もー、限界だよ……）と、ひたすら心の中で叫びながら、じっと耐えた。が、悲しいことに世の中には悪魔のようなヤツらが必ず存在する。

ベイユーを筆頭に、白人観光客は私がおびえて叫ぶ姿を見て、腹を抱えて笑って楽しんで、

最終的にアンコール5回という仕打ちを受けたのだ。

（おまえら全員、絶対に地獄行きだ。地獄で閻魔さまにいたぶられてしまえ！）

5回のアンコールから解放されたときには、恐怖や怒りを通り越して、私は笑い泣きしていた。ベイユーや白人たちは、私がこの野性のエンターテインメントにエキサイトして、感動して涙しているととらえていたようだが、それは大きな勘違いだ。正直二度と、このハイエナと戯れる会には参加したくない。

無宗教と偽善

私はベイユーの提案で、ラリベラへと飛んだ。ラリベラは世界遺産の岩窟教会群があるエリアなのだが、私はそういったものには興味はない。と言って、ラリベラで特別見たいものがあったわけではないので、ベイユーに誘われるがまま、サタデーマーケットと呼ばれる市場へと向かった。

サタデーマーケットを歩いていると案の定、子供たちから「Give me money!」と、たかられた。こういう子供たちはエネルギッシュ過ぎるので「デハ　ネニ（私は貧乏）」と返しては逃げていたの

だが、ラリベラの子供たちはかなりしつこい。どんなにお金がないと言って逃げても、平気で2時間、3時間と追いかけてくる。よっぽど子供たちはやることがないのだろう。しかし、さすがに何時間も〝金くれ〟とだけ連呼され続けると気がめいってくる。

ふと(この〝金くれボーイズ〟たちはいつあきらめるのかなあ)と彼らを見ると、ひとりだけ控えめな少年がいた。この2、3時間を思い返してみると、その少年だけは一度も「お金をくれ」とか言っていなかった。少年は私と目が合うと、少し考える様子でベイユーの袖を引っ張って、ベイユーに話しかけ始めた。

普段は子供の話など真面目に聞かない男なのだが、なぜか今回ばかり真剣な顔をして話を聞いていた。話を聞き終えたベイユーは「この子からの伝言なんだけど〝僕たち本当に貧乏なんだ。助けて〟って言ってるんだけど、どうする?」と、持ちかけてきた。まあ、想定内の内容である。アフリカではよくある話なので「私も超貧乏でベイユーにいろいろ世話してもらってて、お金が本当にないんだ……って、伝えておいてよ」と、深く考えずに返事をした。

私の言葉をベイユーから受け取った少年は少し考え込んでいる様子だったのだが、突然、大きな声で怒り出したのだ。その瞬間「金くれ」と騒いでいた子たちもピタッと静まった。

(よくわからないけど、私、少年を怒らせちゃったのかな……)

なんだか気まずい雰囲気になってしまった気がして、少年がなぜ怒ったのかをベイユーに聞くと「この子はナギに怒ったんじゃない。ナギにお金をくれと言っていた子供たちに怒ったんだ。彼は

ラリベラの子供たち

〝この白人は僕たちと同じ貧乏なんだ！　だから、この子を苦しめちゃダメだ〟って、怒ったんだよ。彼は、ナギを守ってくれたんだ」と、なんとも予想外の言葉が返ってきた。

少年は私の手をギュッと握った後、

「貧乏なら、僕ん家でごはん食べよう！　僕ん家も貧乏だけど、インジェラならあるから、それでもよければお腹いっぱいになるまで食べていって！　遠慮はいらないから！」

と、言ってくれたのだ。（※インジェラは、エチオピアの主食。テフというイネ科の植物をパンのように発酵させたクレープ状の食べ物）

少年の純粋なやさしさに、私は一気に胸がいっぱいになった。

その後、少年が私と話をしたいと言ってくれたので、ベイユーを介してお互いに少しだけ自己紹介をした。少年の名前はタジボ。年齢は9歳。「今年からやっと小学校に通わせてもらえることになったんだ」と、とても嬉しそうだった。将来の夢は乗り合いバスの運転手だと答えていた。そんなタジボに「運転手もいいけど、私の旦那さんっていう夢はどう？」と、冗談半分に聞いてみると、彼は頬を赤らめて耳元で「いいよ」とささやいてくれた。なんてピュアなかわいらしい少年なのだろうか。

タジボは自己紹介後も何度となく「僕ん家でごはん食べてってよ!」と誘ってくれたのだが、ベイユーが「さすがに悪いよ。また機会があったらね」と断ってしまったので、そこでお別れをした。

私は今回タジボと出会って、けっして〝お金がない＝貧乏ではない〟ということを改めて痛感した。だって、タジボみたいにお金がなくても心が豊かな人が、アフリカや途上国にはたくさんいるんだもん。


――翌日。

私は「もう一度タジボに会いに行きたい」と、ベイユーに言ったのだが「タジボの家がどこにあるかわからないし、せっかくラリベラに来たんだから世界遺産の教会群を見に行こう」と、あまり興味のない世界遺産へ連行されてしまった。

ベイユーはガイドの知識をひけらかさんばかりに教会群の話を延々としてくれたのだが、君は話す相手を間違えている。どんなにタメになる話をしてくれていたとしても、そこまで興味のない場所に連れてこられたうえに退屈な話を、しかも英語で延々と話されたら私の脳内翻訳機能は機能停止してしまうことくらい、ベイユーならわかりきっていたこと。なのに、ベイユーは「ナギは無宗教だからダメなんだ!」と怒り出した。

（これだから宗教関連はめんどうくさいんだよな）と思いつつもココは素直に「ゴメンね」と謝ってベイユーの機嫌をとろうとしたのだが……今回のベイユーはしぶとかった。

怒ったベイユーに腕を強く引っ張られて連れて行かれた先は、神父さんのもとだった。ベイユーは、神父さんにこれまでのことをすべて告げ口している様子だった。

どうやらベイユーは神父さんに頼んで、私の態度を改めさせようとしているようだ。でも、その神父さんはとても理解のある人だった。怒っているベイユーの手前「あなたも神を信じてみませんか？」とひとことだけ私に問いかけてきたのだが「神様は信じてます。でも、24時間信じ続けるのも、祈り続けるのも、忍耐力のない私には難しいです」と返すと、神父さんはほほえみながらベイユーに「無理でした。あきらめなさい」と、言ってくれたのだ。

私は相手がどんな宗教を信仰してようが、それは相手の自由だし、否定するつもりはまったくない。だから、そのかわり、私にも押しつけないでほしい。できることなら宗教関連の話は人間関係が崩れかねないので、極力避けたいものだ。

まあ、そんな感じでベイユーと険悪な雰囲気になり、（ヤダなー。気まずいなー）と思いながら教会を出ると「ナギー！」と、ひとりの少年が私に飛びついてきた。

タジボだ。私が「会いたかったよー！」と、彼を抱きしめると「僕は朝からナギが行きそうな場所をずっと探してたんだよ」と、頬にキスをしてくれたのだ。なんてかわいらしいのだろうか。

「なんで私のこと探してたの？」と、タジボに聞くと「ナギと一緒にごはん食べたくて！　ナギの

タジボ少年

ために僕のママがコーラとコーヒーと紅茶とパンとインジェラをいっぱい用意してくれたから、今日こそお願い！　僕ん家に来て！」と言う。やたら飲みものが多い気がしたが、そのためにわざわざ探しに来てくれていたなんて嬉しいじゃないか。

タジボの家にお邪魔するにあたって、さすがに手ぶらでは行けないので一度タジボと別れて、私とベイユーは手土産を買いに行った。お菓子やジュース、石鹸や砂糖なんかを買い込めるだけ買い込んで、タジボの家があるサタデーマーケットへと向かった。

夕立のせいで静まり返っていたサタデーマーケットだったが、私の姿を目にした子供たちが次から次へと「ナギィィィ！！！」と、アチコチから走ってきて出迎えてくれた。子供たちにタジボの家を聞くと、全員で私の手を引っ張ってタジボの家まで連れて行ってくれた。

タジボの家は、私が想像していた以上に小さな家だった。4畳半程度のスペースに裸電球がひとつ灯る倉庫のような場所に、タジボはお母さんと兄妹4人で暮らしていた。

正直、私たちが座るようなスペースも椅子もない。けど、お母さんは自分の商売道具でもあるトウモロコシが入っている袋の上をパッパと叩いて「ここへお座りなさい」と、私とベイユーに席をつくってくれた。私たちが座ってすぐに、タジボが温かい紅茶をこれでもか！　というくらい用意してくれた。その紅茶を飲みながら、横を見ると、わずか4畳半の狭いスペースに30人を超える人が押し寄せていた。しかも、家の外は入りきれなかった人であふれている。タジボ曰く、外国人の来客は非常に珍しいらしく、近所の人が面白がって見物しに来ているという。

動物園の柵の中の動物にでもなったような気分で、まったく落ち着かない……。

そんな中、タジボのお母さんは私にパンを差し出しながら「なぜ、ウチの息子はこんなにもあなたになついているのですか?」と、尋ねてきた。ベイユーは私の代わりに私とタジボの出会いをお母さんに話してくれた。タジボのお母さんは穏やかな表情で、静かにベイユーの話を聞いていた。(こんな穏やかなお母さんだから、タジボも素直なやさしい子に育ったんだな)と思った。

そんなお母さんの姿を見て、私は事前にベイユーに相談していたことを切り出してもらった。

「タジボのために何かお手伝いできること、私にはないですか?」

タジボと出会ったあの瞬間から〝自分がこの子に何かしてあげられることはないものか〟という思いがずっとあった。今まで私が出会ってきたアフリカの子供たちはどこかで〝お金を持っている者が、お金のない人間に施しを与えるのがあたりまえ〟という考え方が根本的にあるような感じがしていた。もちろん、アフリカの子供たち全員ではないけれど、かなりの人数が、お金は稼ぐものではなく、もらうものだ、と幼いころから認識してしまっているような気がしていた。

だって、もし、私自身が〝Give me money〟が口癖になっている友人たちに囲まれた環境下で育ったら、それが悪いことだと思うどころか、あたりまえになってしまっていたと思う。

そんな環境下でタジボという人格が形成されたことに私は驚いたし、ただただ〝これからもずっとピュアで正義感の強いタジボであってほしい〟と思った。ただ、今までこういう状況で誰かに何

エチオピア南西部のスリ族

かをしたいなんて思ったことがなかったから、正直自分自身のこの感情に少しとまどっていた。

私がタジボに何かしてあげたいと感じている気持ちはまぎれもなく本心なんだけれど、はたしてこの思いが〝偽善とか同情だったら……〟と思うと、「ひとさまの力になりたい」って言葉を、こうも簡単に言っていいものなのかな？　と、思う自分もいた。もちろん、私自身は同情や偽善のつもりはまったくないのだけれども。

それから、もうひとつ、私には引っかかっていることがあった。

それはタジボ以外の子供たちのこと。タジボと出会うまでは〝金くれボーイズ〟だった子供たちも、タジボの言葉をきっかけに私のことをフラットな目で見てくれるようになって、年齢こそ離れてはいるものの、「こういう友達もありかな」って思えるくらい自然に一緒に笑える間柄になっていた。だからこそ、私がタジボだけに何かをするというのは、はたしていいことなのかな？　と。日本人的感覚かもしれないけれど「なんでタジボだけ……」って、思う子も出てきちゃうんじゃないかなって不安だった。

そりゃね、私がお金を持て余しているような状態だったらいいけど、今の私にはタジボにほんの少しの協力をすることが精いっぱい。とはいえ、力になると言って途中で何もしてあげられなくなるような無責任なこともしたくないし……昨日今日と、ひとりで葛藤していた。

私がひとりで答えを出せないでいると、ベイユーが手を差し伸べてくれた。ベイユーは「もし、仮にナギの思いが偽善だったとしても、実際に手を差し伸べられる人と差し伸べられない人とでは全然違うよ。多くの人を救う必要はない。自分のできる範囲内で、誰かに力を貸してあげられることはすばらしいと思う」と、私の背中を押してくれた。

そしてベイユーは、続けてこう話してくれた。「少しお金を持っていたり、豊かな生活をしている人ほど、些細なことでモメたり、ねたんだりするけれど、貧しい生活をしている人ほど、心は豊かだから、人をねたんだり憎んだりはしないよ。貧しい人たちほどみんなで協力し合って生きているから、そういう人たちは他人の幸せも自分のことのように喜べるんだよ。確かめてごらんよ」と。

その言葉どおり、私がタジボのお母さんに「何か力になれることはないか」と切り出したときも、周りにいた人たちのほうが自分のことのように喜んでいて、誰ひとりねたんでいる様子の人はいなかった。私はタジボのお母さんに「私はお金持ちではないので大きなサポートはできないのですが、私のできる範囲内で、タジボの将来を少しだけ応援させてもらえたら嬉しいです。とりあえず、今、私がタジボにできることを教えてもらえませんか」と伝えると、お母さんはこう返してくれた。

「神様が、息子のもとにナギを送ってくださったのだと思います。私たちは貧しい生活には慣れております。だから大金も必要ありません。ただ、しいて言うならばウチの子は半ズボンしか持っていません。朝と夜は寒く、足もケガばっかり増えてしまうので、長ズボンだけいただけたら嬉しいです」と。

私が彼らに何かを与えるというよりは、私が彼らから学ぶことのほうがあきらかに多い気がした。

その後、タジボとお母さんに洋服や文具、学費を不定期で送る約束をした。彼らには住所がないから、荷物はベイユーに送って、ベイユーがラリベラにガイドの仕事で来るときに届けてもらうことになった。そして最後に、タジボが私にひとつ約束をしてくれた。

「僕、一生懸命勉強がんばって、英語が書けるようになったらナギに英語で手紙を書く！」

タジボと出会って、アフリカでの私の楽しみがまたひとつ増えた。

少女の小さな疑問

タジボに別れを告げ、私たちはベイユーの故郷のゴンダールへと飛んだ。

前回、ゴンダールに来たときに気になっていたエリアがあったのだが、そのときはベイユーに奥に入ることを止められて、あきらめた場所があった。でも、今回はどうしてもそこに行ってみたくて、気乗りしないベイユーに「ほんの少しの滞在時間」という条件付きで、付き合ってもらえることになった。

そのエリアは、大きな市場の隅の一角だった。そこにはたくさんの子供がいるのに、他のエリアと違って誰ひとり近寄ってくる気配がない。みんな、一定の距離を保って私とベイユーのことを見ていた。警戒しているのだろうか。そんな彼らの視線を浴びながら奥へ奥へと進んでいくと、ひと

ファンタの家

りの少女が「ファレンチョー（※白人という意味）」と、満面の笑みで猛ダッシュで近寄ってきて、私の手を握った。

その瞬間、まわりの空気がガラッと変わった。そして、その少女の母親であろう女性がすごい剣幕で私に迫ってきた。

（なに？　ウチの娘に触るなって感じ？　それとも、外国人立ち入り禁止地区？）

私がオドオドしていると、突然、女性はこう、切り出してきた。

「アンタは、私たちを汚いと思わないのかい？」

最初は唐突過ぎて何を言っているのかまったく理解できなかったのだが、私が首を横に振ると、さっきまで一定の距離を保っていた大人たちがどんどん近づいてきた。そして、次から次へと「私ん家に来ない？」「僕ん家に来ない？」「いや、オレん家に来い！」と、お誘いの嵐。展開の早さに若干驚きつつも、私に断る理由などない。二つ返事で彼らについて行こうとした瞬間、「本当に行くつもりか？」と、ベイユーが何度も確認してきた。私が「行く！」と答えると、ベイユーは言った。

「彼らはいわゆるホームレスだ。以前、ここの子供たちが観光客に触ってしまったときに〝汚い！触るな〟っていう苦情が出たんだ。それ以来、政府はここの区域に外国人は入れてないし、彼らも政府から外国人に近づくなと言われているんだ。そういう過去があるから、彼らは最初、警戒していたんだ。今はナギみたいな外国人が珍しいから近寄ってきたけど、もし、ナギが彼らの家に行って、少しでも不快な顔をしてみろ？　彼らはまた傷つくことになるし、トラブルの原因にもなる。それでも行くか？」と。

ベイユーの説明で、なぜ前回、彼がこの区域に入ることを止めたのか、なぜ子供たちがすぐに近寄ってこなかったのかをやっと理解できた。でも、私からすれば家があろうがなかろうが関係ない。ラリベラのタジボも物質的には豊かではないかもしれないけれど、物に恵まれることだけが幸せではないということを、私はタジボ、そしてジブチのフセインを通して教わったと思っている。

私は、アフリカという少し過酷な大地でも、白い歯をむき出して、エネルギッシュにまぶしいくらいの笑顔で生きているアフリカ人が大好きなわけで、そんな彼らと接することで何か学ばせてもらえることがあると思っている。だからこそ、彼らのリアルな生活を少しでも、のぞいてみたかった。


一番最初に家を見せてくれたのは、10歳くらいの女の子だった。彼女の家はトタンやブルーシートなどでドーム状に組み立てられていた。中に入ると、すぐに何かと目が合った……ビヨンセだ！ビヨンセのポスターが貼ってあるではないか。少女曰く、ビヨンセが大好きなんだとか。

それからすぐに「次はオレん家だ！」と、元気なオジちゃんが名乗りをあげて、家まで案内してくれた。オジちゃん家はさっきの女の子の家に比べると少し広くて、風通しのいい家だった。オジちゃんの家で少し座っておしゃべりをしていると、どんどん、どんどん人が集まってきて、気づいたらオジちゃんの家は超満員。オジちゃんの家なのに肝心のオジちゃんは家の外に追い出されてしまっていた。

私が3軒目にお邪魔したのは、パワフルなお母さんの家だった。お母さんの家も、あっというまにオジちゃんの家同様に人であふれ返ってしまった。ここの家では、彼女の娘たちは私のネイルアートに興味津々だった。そして「なんで、肌が白いの?」と純粋な質問を投げかけられた。

そして、最終的にはなぜか、思いっきりくすぐり攻撃にあった。最初はくすぐっていたのは子供だけだったのに、いつしかお母さんまでもが私をくすぐってみんなで大笑いしていた。どってことないことなのに、彼らが楽しそうに笑っていると、私もつられて笑ってしまう。お母さんや子供たちが何を言っているのか言葉がわからなくても、一緒に笑っていられるという空気感がなんとも心地よかった。

お母さんの家ではくすぐられて、くすぐり返して、大笑いさせてもらったのだが、ひとりだけ、つねに私のそばを離れないファンタという少女がいた。彼女はずっと私の隣に陣取って、私が移動するときもずっと私の手を握っていた。そんなファンタは私と目が合うたびに「ナギ! 1ブル!(※日本円で約6円)」と言っては私のことをくすぐり、私が他の子としゃべっていると「ナギ! 1ブル!」とチョッカイを出しては気を引こうとしていた。彼女はけっして本当にお金が欲しくて1ブルと言ってるわけじゃない。彼女が知ってる唯一の英語が〝1ブル〟なだけで、それが彼女なりの精いっぱいの〝かまってアピール〟だったのだと思う。

そんなファンタに、私は絵を描いてプレゼントした。どってことのない絵だったのに、彼女はと

ファンタからのキス

ても喜んでくれた。そして、1ブルしか言わなかった彼女が「コッチを見て！」と合図を送ってきたので、（また、くすぐられるのかな）とかまえていたのだが……ファンタは私の頬にキスをしてくれたのだ。エチオピアで相手の頬にキスをするというのは、相手のことを受け入れた（気に入った）という意味があると聞いていたので、若干照れくさかったが、とても嬉しかった。

ただ、思いがけないキスに照れくさくて笑いが止まらなくなってしまった私に、ファンタはさらにキスをし、〝私にもキスをしろ！〟と言わんばかりに、自分の頬を私の顔の前に突き出して、私からのキスを待っていた。もちろん、私は彼女の頬にキスを返したのだが、その瞬間「ナギ！ 10ブル！」と言われてしまった。なんて商売上手な子なんだろうか。私がファンタに10ブル分のキスで返すと〝その手できたかー〟と、彼女は顔をくしゃくしゃにして笑い転げていた。

そんな感じで私は楽しい時間を過ごさせてもらったので、彼らとお別れする前にベイユーと一緒に家に招いてもらったお礼をしようということになった。最初はお金を渡すのが一番いいのかなと思ったのだが、ベイユーの提案で、彼らが大好きなキャンディを満足するまで食べられる量を贈ろうということになった。

ベイユー曰く、砂糖は地域によっては非常に高価なもので、キャンディは外国人からもらうことでしか食べられない子も多いという。ベイユーも幼少期は家が裕福なほうではなかったそうで、初めて外国人からキャンディをもらったときは「なんてキレイなんだ！ しかも甘くておいしい！」

と感激したらしい。それからは〝いつかアメ玉を飽きるまで食べてみたい〟と思っていたらしく、彼らには満足がいくまでキャンディを食べさせてあげたいと言っていた。

そんな流れで、私たちは、ファンタやオジちゃん、一緒に遊んでくれた人たちを全員連れて売店へ行った。そのお店にあったキャンディをすべて購入して、彼らの両手いっぱいに配った。子供たちもお母さんたちもキャンディをほおばってすごい喜んでくれた。しかし、さっきまでご機嫌だったファンタが何かを考え込んでいるような顔をしていた。「どうしたの？　アメ玉嫌い？」と聞いても、彼女はただ首を横に振るだけ。「1ブルのほうがよかった？」と、彼女の大好きな1ブルという言葉を出しても、ファンタは表情も変えず、首を横に振っていた。

（どうしたんだろう？　何か私、ファンタが嫌なことやらかしちゃったのかな……）

私が少し不安に思い始めていた矢先、いきなりファンタが私のキャミソールの胸元をグイッと掴んでズリ下げてきたのだ……！　彼女はしっかり私のスポブラまで一緒に下げていた。

ヒエー。子供達の前でまさかの貧乳ポロリ。

あまりにも突然過ぎる出来事に恥ずかしいとか、そういった感情はいっさいなくって、とにかく笑うことしかできなかった。ポロリした乳をとっさに隠してファンタのほうを見たときには、さっきまで無表情だったファンタが笑顔でキャンディをほおばっていた。

（なんだったんだ？　さっきのは……）

私が彼女になぜ、私の服を突然ズリ下げたのかを聞いてみると、彼女は無邪気な笑顔でこう答えた。

「ナギみたいな白人の乳首って何色なんだろう？　って、考え出したらすごく気になっちゃったの！　だからどうしても見たくなっちゃった」

あの表情は、私の乳首の色について思いつめている顔だったのか!!　そりゃ、見たことないもんね。そりゃ自分と肌の色の違う人間の乳首の色、気になるよね。子供なりの純粋な疑問だったんだろうね。

それにしても、ファンタはすさまじい好奇心と行動力の持ち主である。

06

スーダン

2011年9月→

国名:スーダン共和国

首都:ハルツーム

面積:188万㎢(日本の約5倍)

人口:3,876万人(2014年)

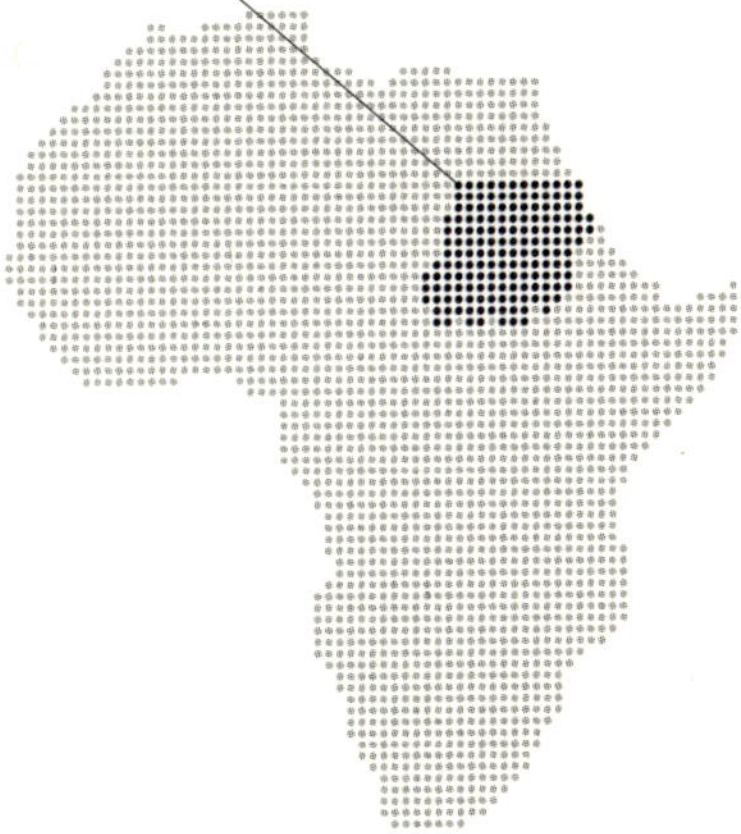

アフリカで
一番ホスピタリティの高い国。
とにかく、人がいい。
とにかく、みんなやさしい。

〝おもてなし精神のある国〟としてスーダンは評判がいい。

私はいったいどんなおもてなしと巡り会えるのかと楽しみにしていたのだが、意外なカタチで意外なヤツらに歓迎されることになった。

ヤツらとの邂逅

――首都、ハルツームの三つ星ホテル。

ここはアフリカ。

エアコンの中からイグアナが飛び出してきてもなんら不思議な国ではないことくらい百も承知。ホテルといえども、日本のホテルと同じような設備や環境を求めてはいけないということもわかってはいる。


が、私が通された部屋には先客のゴキブリが、ざっと数えただけでも140匹はいた。

珍しく「わー！　部屋に冷蔵庫がついてるー！」なんて、少し浮かれ気味に冷蔵庫を開けてみりゃ、6匹のゴキブリがせわしなく動き回っていた。日本人の私には、なぜ冷蔵庫という空間にゴキブリがいるのかがまったく理解できず、無表情で冷蔵庫の扉をパタンと閉めた。

（冷蔵庫は食品を保存する箱ではなく、ゴキブリの飼育場所だったっけ？）

と、改めて冷蔵庫本来の用途を思い出しながらトイレへ行き、便座に座った。が、すぐに立ち上がった。このとき、初めて私は自身の〝尻〟で何かが迫りくる恐怖というものを感じとった。

おそるおそる便器の中をのぞき込むと、そこにはヤツらが4匹、ソワソワと動き回っていた。このゴキブリがこれまたすごくて、何度水を流しても水流に耐え抜く。たまに流されるヤツもいるが、それでも必ず這い上がってくるヤツがいるということを、私はこのスーダンで学んだ。


ヤツらの生命力の強さに完敗した私は、気分転換するためにシャワーを浴びることにした。シャワーハンドルの真横にもヤツはいたが、そこは見て見ぬふりをし、シャワーを浴び、頭を洗っていた。すると、私の頭の上に天井からいきなり何かが落ちてきた。嫌な予感は的中した。ヤツだ……。

（この部屋はゴキブリだらけで、私の居場所はない。少し外へ出よう）

ドアノブに手をのばした瞬間、ドアノブがはずれて床に落っこちた。

備え付けの電話でフロントに電話をかけてみたものの、なぜかつながらない。何度かけてもつながる気配がない。電話が故障している……。同じフロアに誰かいないものかと大きい声を何度も出してはみるが、誰もいない。

完全にゴキブリ部屋に軟禁されてしまった。

すべての気力を失い、ベッドに横たわり、部屋を見渡してみた。床や壁だけでなく、私のカバンやカメラの上にもヤツらが乗っかっていた。人生でこんなにゴキブリを見た日はなかったが、もう驚く気力も体力もなく、私は目を閉じて眠りについた。

そして朝、目覚めると枕元にヤツがいた。

（起こしに来てくれてありがとう。でも、私はもうちょっと寝るよ）と、アイコンタクトを送りつつ、2度目の眠りに入ろうと体勢を変え、枕の下に手を入れると何かが手にあたった。そう、ヤツが1匹死んでいた。寝るときにヤツの死骸はなかった。きっとヤツはこの部屋に閉じ込められた私を気の毒に思い、添い寝をしてくれたのだろう。しかし、寝相の悪い私に潰されてしまったのだろう。ヤツには悪いことをしてしまった。

12時間前まではこのすさまじい数のヤツらに鳥肌を立て、この部屋に閉じ込められたことに不快感さえ感じていたのに、たった12時間で私はヤツらと心を通わせ、その一生に同情するまでに達した。人間の〝慣れ〟ほど恐ろしくも、たくましい力はないと思った。

肌ノ色

ゴキブリ屋敷を出発し、私のスーダンの旅が始まった。今回のガイドはムハンマド。スーダンは観光客が少ないせいか、首都を出てしまうと田舎町ではなかなかホテルを見つけることができない。そんなときは、ムハンマドと一緒に砂漠で野宿をしていた。

スーダン人は非常に人懐っこい。私たちが砂漠で野宿をしていると、誰かしら近寄ってきては「仲間に入れて」と、野宿仲間が自然に増えていく。星空を眺めながら、もうそろそろ寝ようかなんて思っていた矢先、ひとりのお兄ちゃんから、こんな話を投げかけられた。

「もしも、肌の色がお金で買えるとしたら、おまえだったら何色を買う?」

私はマリでも答えたように即答で「私はアフリカ人の黒い肌に憧れてるから、間違いなく黒かなー」と答えたのだが、彼らは「誰もがおまえのように〝黒い肌を美しい〟と思うわけではない。おまえは黒い肌で生まれることのデメリットを考えたことがあるか? それを考えたうえでも、おまえは黒を買うか?」と、さらに問いかけてくる。

その問いに対して「じゃ、あなたたちは黒い肌が嫌いなの?」と質問で返すと「嫌いではない。

だけど、黒い肌で生まれてきただけで背負わなくてはならないリスクが多過ぎる。おまえにはわからないだろうけど、黒い肌というだけでいろんな道を閉ざされる。たったそれだけの理由で未来を閉ざされるならば、白い肌で生まれたほうがよっぽど楽だったと思う」と、悲しげな表情で話していた。そして彼らは「おまえは肌が白いから黒を買うって言えるんだよ。もし、おまえがオレたちのように黒い肌だったら、絶対に白を買うって言ってるよ」と、言った。

私は、白い肌が絶対美しいとはかぎらないと思う。黒い肌には黒い肌の美しさや魅力があるはずなのに、なぜか世間では白い肌のほうが美しいとされる傾向があるのは事実。肌の色で閉ざされてしまう道や、リスクを背負う人たちがいることも、まぎれもない事実。彼らをそんなふうに追い詰めてしまっているのは、私を含む彼らよりも肌の色の明るい人間なのかと思うと、それ以上、彼らに返す言葉が見つけられなかった。マリに続き、ここスーダンでも肌の色について深く考えることになった。

煮え立つ泥水

スーダンに限った話ではないのだが、アフリカを訪れるたびに、アフリカ人の日本人とはかけ離れた独特の感覚に驚かされる。たとえば、アフリカ人はわりとキレイ好きで、食事の前に手を洗っていなかった私に「不衛生だな」と言うのだが、実際に彼らが手を洗っている水を見ると、洗わないほうがキレイなんじゃないか？　と思えるような泥水で手を洗っていたりする。ある晴れた洗濯日和には「着る服はキレイなものでなくっちゃね！」と言いながらも、赤土色に濁った川で洗濯をし、せっかく洗った衣類は赤土まみれの地面に直置きして干していたりする。正直、この感覚はまったく私にはわからない。けど、この雑な感じ、嫌いじゃない。

そんな彼らの雑な習性は、スーダンでもかいま見ることができた。

「アフリカの普通の家で暮らしてみたい」と話していた私を喜ばせようと、ガイドのムハンマドが知人から砂漠の真ん中にある空き家を借りてくれたのだ。そこで私は数日間、ムハンマドと役割分担を決めて、共同生活を送ることになった。

ムハンマドは「オレが料理担当やる！」と名乗りをあげていたのだが、どうやら彼は料理が得意ではないらしい。初日の夕飯時に出された食事が、大量のゆで卵だけだったことにはぶったまげた。

その翌朝も、ムハンマドがまた朝から大量のゆで卵を作っているのを見て驚いた。このとき、私が驚いたのは卵の数ではない。昨夜は暗かったから気づかなかったが、彼がゆで卵をゆでていた水が、すさまじく濁った泥水だったのだ。私は生まれて初めて見る〝沸騰する泥水〟に驚きを隠せずにいた。

（まあ、殻をむいて食べれば大丈夫か）

何も口出しせずにムハンマドのゆで卵づくりを見守っていたのだが、私の嫌な予感は的中した。

彼はゆで卵の殻をむいた後、その卵を泥水で洗い始めたのだ。泥水で卵をゆでて、食べる前にキレイな水で洗うというのならばまだわからなくもない。しかし、彼は卵の殻をむいた後にとどめをさすかのように、シャバシャバとむき卵を泥水で洗い始めた。

（マジか……）

私の不満が伝わったのか、ムハンマドは無表情でこう言い放った。

「濁っても同じ水だぜ！？ 何か問題が起きたとしても、腹をこわす程度だろ？ そんなのトイレ行く回数が増えるだけだからあんま気にすんな」

――お腹をこわしてもトイレに行けばいいだけの話。

この発想はこれまでの私にはなかった。そうか、お腹をこわしてもチョット痛みに耐えてトイレに行く回数が増えるだけなのか！ なんか、そう思ったら不思議とお腹をこわすことなんて、少しも怖くなくなった。

そんな感じで私を丸め込んだムハンマドが、鼻歌まじりで泥水紅茶を淹れ始めたのは言うまでもない。

スーダンママとナギーラ

砂漠で野宿の準備をしていると、ときおり「外で寝ないで、ウチに泊まりなさい」と声をかけてくれる人がいて、その日はおばあちゃんの家に泊めてもらうことになった。私は、自分が知っている数少ないアラビア語で自己紹介をすると、おばあちゃんは人懐っこい笑顔で私を抱きしめてくれた。

おばあちゃんは私がアラビア語を理解できると思ったのか、いきなりアラビア語のマシンガントークが始まった。何を言っているのかサッパリわからない……。

おばあちゃんはキョトーンとする私の顔を見て、すぐにアラビア語を理解できていないと察してくれたのだが、あきらかに悲しい顔をしていた。おばあちゃんの悲しい顔を見て、私は自分がアラビア語を話せないことをとても悔やんだのと同時に嫌なことを思い出してしまって、その場にいるのが辛くなってしまった。

いつ、どこの国だったかは忘れてしまったけど、いつものように田舎町でアフリカ人に話しかけられた。そのとき、私が現地語をあまり話せなかったことに対して「なんで私たちの国に来てるのに私たちの言語をしゃべれないの?」と、露骨に嫌な顔をされたことがあった。お互いの国の言葉がしゃべれないのはおたがいさまな気はしたのだが、露骨に嫌な顔をされたのは一度や二度じゃない。

もちろん、言葉なんて通じなくても心を通わせられる相手も存在するが、やはり言葉が強いのも事実で、私にはしゃべれないというコンプレックスが実際にある。それ以来、言葉の壁でムッとされたり、悲しい顔をされると、その場から逃げたくなってしまう自分がいた。

（きっと、このおばあちゃんも私がアラビア語を話せないことが不満なんだろうな）

アラビア語もまともに話せないのに、ずうずうしく泊まりに来てしまった自分を悔やんだ。今日は野宿をしたほうが迷惑をかけずにすむなと、私がその場を離れようとしたとき、おばあちゃんに強く腕を掴まれた。彼女は、私には伝わることのないアラビア語で必死に何かを話しかけてくれているのだが、まったくわからない。

（文句かな……それとも、不愉快な思いしたからお金でも置いていけって言ってるのかな。通訳してもらったら傷つく言葉かな）なんてしばらく考えていたのだが、おばあちゃんの目はまっすぐ私のことを見つめていた。何か重要なことを言われているのだと思い、ムハンマドを呼んで翻訳をしてもらった。

「私も日本語が話せないの。あなたもアラビア語が話せない。だからおたがいさまね。でも、なんだか私、あなたのことがとても好きなの。だから今日はうちに泊まって行って。そして、スーダンにいるあいだは、私のことをママだと思ってちょうだい」と言っているとのこと。

こんな言葉をかけてもらったのは初めてだ。彼女のやさしい言葉に、私はウルっときた。

それからママは「スーダンの生活を見せてあげるわ」と、一緒に買い物に連れて行ってくれたり、料理を教えてくれたりした。ママは私のことを本当の娘のようにかわいがってくれた。そして出発の日、ママは泣きながら「あなたに会えて本当によかったわ。あなたは私の娘なんだから、いつでもこのうちに帰ってきてね。私はいつでもココにいるから。必ずよ。スーダンのママのこと忘れないでね」と。

私も思わずもらい泣きしてしまって、次いつ会えるかわからないママの顔がにじんでしまい、しっかりと見れなかったことを少し悔しく思った。

人間というものは、少しでも自分と共通点があると、国籍や言語の壁を超えて仲よくなれる。日本ではなかなか友達ができない私に、スーダンはこんな出会いもくれた。

スーダン北部の田舎町で、小腹を減らした私はそこらへんにあるナツメヤシの実をむしり取ってはパクパクほおばりながら、ひとりで散歩していた。すると、ひとりの女性が近寄ってきて、アラビア語で話しかけてきた。何もない町ゆえに、外国人が珍しかったのか、興味本位で話しかけてきた様子だった。

しかし、彼女は私に話しかけてはみたものの、アラビア語しか話せないようで、少し戸惑っていた。こういう場合、いつもの私ならにっこり笑って立ち去ってしまうのだが、なんとなく彼女のことが気になって、私はできる範囲のアラビア語で自分の名前と自分が日本人であることを彼女に伝えてみた。

すると、彼女は私の名前を聞くなり、目を大きく見開いてうれしそうにこう言った。

「あなた、ナギ！　わたし、ナギーラ！」

どうりで何か気になったわけだ。過去にエジプトでナギーという男性と出会って仲よくなった記憶があるが、まさか、ここで〝ナギ〟がつく名前の女性と、こんなふうにばったり出会えるとは思ってもないなかった。名前が同じ響きというだけで、私たちの距離は一瞬で縮まった。

その後は興奮した彼女に腕を引っ張られ、彼女の両親やらご近所にあちこち紹介された。

彼女がアラビア語で、私のことをなんて紹介していたのかくわしくはわからないけれど「私の名前、ナギーラじゃん？　でね、この子の名前、ナギって言うんだよ！　日本人！」と、何十回も話していたことは間違いない。もっとも、私と彼女の共通の言語はない。だから〝言葉〟では多くのコミュニケーションをとることはできない。

だけど、彼女との無言の時間は苦でもなんでもなかった。たぶん、それは私だけじゃない。彼女も同じ気持ちでいてくれたはず。言葉のコミュニケーションがなくとも、彼女とは「ナギ！」「ナギーラ！」と呼び合うだけで、とにかく笑いがこぼれた。普通に考えたら、名前を呼び合うことなんて面白くもなんともないはずなのに、彼女とはそれだけで仲よくなれたし、一緒にナツメヤシの実をほおばれる友達ができたことが、私はうれしかった。

そんなナギーラが、ある場所に連れて行ってくれた。それは、ヘナタトゥーのお店だった。

小学校での黒板メッセージ

スーダンの女性は結婚後、手足にヘナタトゥーをファッション感覚で施す習慣があるのだが、私もナギーラも独身。最初はなぜそこに連れて行かれたのかわからなかった。彼女は「ナギ！ ヘナタトゥー入れて！ 小さいのでいいから。ねっ、いいでしょー？」と、半ば強引に私の足にヘナタトゥーを入れるように勧めてきた。正直、あまり気は乗らなかったが、ヘナなら数週間で消えるし、せっかくの彼女との関係を悪くしたくないという理由で、私は入れることにした。

しかし、私の足に施されたヘナタトゥーは、予定よりもはるかに大きいものだった。しかも、マジックで描いたかのような大雑把なクオリティに、私は入れたことを少しだけ後悔した。が、ナギーラのうれしそうな顔を見ると、後悔している気持ちだけは悟られたくなかった。

ただ、入れたことを少し後悔したこのヘナタトゥーが、このあとのスーダン滞在をよりいいものへと導いてくれた。行く先々で「あなたはスーダン人の旦那がいるのかい？」と聞かれ、そのつど〝そうじゃないよ〟と答えていると、その後は決まって「じゃあ、あなたは私たちの国の文化を受け入れてくれたんだね」と言ってくれて、みんなが親切にしてくれたのだった。

もともとスーダン人は穏やかでやさしい人々なのだが、自分たちの文化（ヘナ）を入れている外国人＝自分たちを理解してくれていると判断するらしく「とにかくウエルカムッ!!」というような態度を、誰もが示してくれるようになった。できることならこういうことは、今後訪れる国でもすべてやっていこうと決めた。

もしかして、ナギーラはそこまでのことを見越して、私にヘナタトゥーをゴリ押ししたのだろうか。

そんな感じで私が足にヘナタトゥーを入れたことで、アラビア語しか通じない田舎町であっても砂漠の遊牧民であっても、彼らのほうから積極的に私に近づいて来てくれるようになった。

そんな中、私のヘナタトゥーをみて話しかけてくれた人が、ある小学校の校長先生で、「ぜひ、あなたを私の学校に招待したい！　スーダン人は日本人を尊敬している。だけど、日本人となかなか接触する機会がない。だから、生徒たちと会ってもらえないだろうか」という話をいただいた。

私なんかが、彼らにとっての初めての日本人になってもいいものなのか、少々不安はあったが、ずっと行ってみたかったアフリカの小学校！　私は「行かせてください！」と即答した。

その翌日、私は校長先生の案内とともに1年生の教室から順に通されたのだが……。

私は驚いた。もー、とにかく、驚いた。

どこの教室も私を見るなり、大はしゃぎだった。しかも！　各教室ごとに私の名前を入れた歓迎の歌をプレゼントしてくれたのだ。

その後は、どこの教室でも生徒さんから日本についていろんな質問をされた。

「日本ってどこにあるの？　スーダンより大きい？　小さい？」

「日本人って何人いるの？　なんでスーダンには日本人いないの？」

「日本人って、みんなナギみたいな顔してるの？　肌が黒い日本人っているの？」

「日本人のお家には、何頭くらいラクダとかヤギ飼ってるの？」

そんな感じで、思い思いの日本への疑問を投げかけて来る生徒さんに対して、ひとつずつ私は答えた。すると、彼らは目をまん丸くして、日本とスーダンとの違いに驚いていた。

最後に通された最上級生の教室では、黒板にメッセージを書いて待ってくれていた。そして、彼女たちはこんな手紙を朗読してくれた。

「私たちの学校に来てくれてありがとう。日本のことを教えてくれてありがとう。あなたが、私たちの学校に来てくれた初めての日本人であることを誇りに思います」

な、なんなんだー、このサプライズはあああ……！！！

もー、私は涙が止まらなかった。鼻からも目からも水が垂れ流れてしまった。

スーダンのホスピタリティーはすごいとか、本物だよ！　という噂は聞いていたけれど……。私はこの小学校でその噂が本当であることを実感した。

私は興味半分・遊び半分という感覚で小学校に足を踏み入れていたのに、生徒さんたちは日本から来た私のことを真剣に受け止めて、学校全体で歓迎してくれていたのだ。

そんな彼らと出会えたことを私はすごくうれしく思った。

そして2週間で消えるはずのヘナタトゥーだったが、1カ月たっても消えず、この後訪れたエチオピアで「ナギ、足が何か汚いけど何かの病気？」と怪訝な顔をされたことはあえて忘れる。

07

ウガンダ

2011年10月→

国名:ウガンダ共和国

首都:カンパラ

面積:24万1,000㎢(本州とほぼ同じ)

人口:3,758万人(2013年)

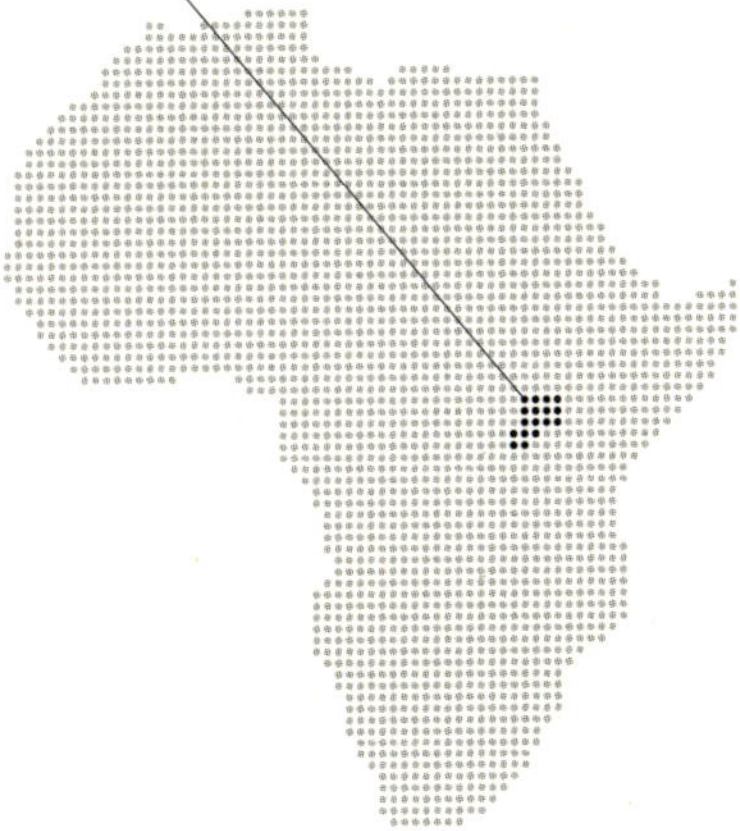

THEアフリカ人!
って顔つきの人が多い。
よくも悪くも土臭くも、
人間くさいアフリカを
強く感じられる国。

図書館

私がウガンダに来た目的は、北部の最も貧しい町で図書館をひとりで運営している日本人女性のお手伝いをするためだった。ここに来るまでは〝ボランティア＝費用を抑えながらローカルなアフリカが見られる〟という安易な考えだったのだが、本当にその考えは甘かった。

この図書館は、ひとりの日本人女性がＮＰＯ法人として、学費が払えず学校に行けない子たちに少しでも学ぶ場を与えられたら……という思いでつくったもの。町の人ならば誰でも無料で使うことができる。この日本人女性もこれまた面白い人で、とてもパワフルな女性だった。彼女は紫外線アレルギー持ちらしく、全身防備で毎朝図書館へと向かう。なぜ、そんなアレルギーを持ちながら、この過酷なアフリカの大地に暮らしているのかと最初は不思議でしかたなかった。

――図書館のお手伝い、初日。

私は衝撃を受けた。まずは、5歳くらいの子だろうか。本棚から気になる本を選んで席まで持って行くのかと思いきや、突然、本を開いて真っ二つに破いてしまった。その子は本がビリッと破れる音が非常にお気に召したらしく「本は破いちゃダメだよ。読むものだよ」と注意しても、ケラケラ笑いながら本をビリビリと破り続けた。

今度は7歳くらいの少年が本棚から1冊手に取って席まで持って行ったかと思いきや、本を開くのではなく、本をパクッと口に入れてしまった。それに驚いて周囲を見渡すと、彼の他に2人の子供が本をパクッと口に入れていた。

中には本を破り歩く子もいる。私たちは物心がついたころから、あたりまえのように〝本は読むもの〟として認識しているのだが、これまで本に馴染みのない生活をしていた子にとっては、〝本〟という存在の扱い方がわからないのだ。赤ちゃんが本をなめちゃったり、かじってしまったりするのならばわかるのだが、小学生くらいの子でさえも、本が食べ物ではないということすらわからないというこの現実に驚いた。

この図書館では少しでも多くの子供に〝読書＝楽しいこと〟と感じてもらって、少しでも多くの本と触れ合って自然に学びへとつなげてほしいという思いで、一日に3冊の本を図書館で読むと、紙と色鉛筆を貸し出してもらえる。（※小学生くらいまでの子限定）

子供の利用者の大多数は、本を読んだ後のお絵かき目当てで図書館に来ると聞かされていたので「みんな、絵を描くのが好きなんだな」ってほほえましく思っていたのだが、現実は何か違った。通い慣れた子は、適当な絵本をパラパラッとめくってすべて読んだふりをする。これを3冊繰り返す。もちろん、そのままでは学びにつながらないということで、この図書館では一冊につき最低10分はかけて眺めるように教えていた。

そこで〝時計〟と〝時間〟というものもあわせて、彼らに学ばせようとしていた。子供たちに「ま

please
KITGUM TEACHERS' RESOURCE

ウガンダの図書館

だ10分たってないよ」「時計ばっかり見てないで本を見て！」という注意を何度も繰り返し、ようやく白い紙と色鉛筆を手に入れた子は何を描くのだろうかと見守っていると……白い紙を思いっきりビリビリと破って遊び始めた。お絵かき目当てというか、白い紙のビリっと破るその快感目当ての子が異様に多い。破らずにお絵かきをしている子がいると思って目をやれば、強靭な握力で色鉛筆を折っちゃったり、中には色鉛筆をかじったり、なめたりしてしまう子もいた。

ふと目を離すと、色鉛筆をポケットに入れて持って帰ろうとしてしまう子が多発する。「それは図書館の色鉛筆だから持って帰っちゃダメなんだよ」と言うが、なぜ図書館のものを持って帰ってはいけないのかが、彼らにはわからないみたいだった。

絵がダメならば、紙で頭にかぶれる王冠を作ったり、折り鶴を折って紙で遊ぶ楽しさを私なりに教えようとチャレンジした。他の国の子供たちは少なからずキャッキャと喜んで、身につけてくれたり、友達に見せびらかしに行ったりといった感じだったのだが、このエリアでは違った。

私が手渡した瞬間、折り鶴の羽をもいだ。あまりにも一瞬の出来事で言葉を失っていると、さらにグシャグシャにして満面の笑みを浮かべていた。王冠を頭につけてあげた子の中にはもちろん喜ぶ子もいたが、大半はすぐに頭からはずしてクシャクシャに丸めて、無邪気にボールのように投げて遊んでしまう。

彼らに悪気がないのはわかってはいるのだが、これが教育の難しさなのかと痛感させられた。もちろん、学校とかでの勉強も大切だけど、彼らにはそれ以前のことから教えていかなきゃいけないことがあるんだなと、図書館に行くたびに毎日考えさせられた。

ウガンダのトイレ事情

図書館でボランティアをしている期間中は、図書館から徒歩30分圏内にある村一番の裕福な家庭にホームステイさせてもらっていた。と言っても、町のインフラが十分に整っていないため、水道の蛇口から水が出るなんてこともないし、夜になれば真っ暗になってしまう。シャワーを浴びたいときは昼間にママが井戸からジェリ缶（石油などを入れるポリタンク）になみなみと汲んできてくれた水をタライに移して、大事に大事に使わせてもらう日々だった。これから綴らせてもらうのは、そんなホームステイ先の家のトイレで起きた話。

真夜中にトイレで目を覚ましてしまうと、暗闇の中、フラッシュライトを片手に無数の奇妙な虫や生き物が待ち構えているガレージを通ってトイレまで行かなくてはならない。しかし、どんなに暗闇が怖くてもフラッシュライトをつけてはいけない。ライトで照らした瞬間、四方八方から私の最も苦手とする蛾や、得体の知れない生き物に襲撃されてしまう。

何度これらにチビりかけたかわからない。これは、小心者の私には非常に耐え難いので、どんなに暗闇が怖くても我慢した。ただ、万が一のときのためだけにフラッシュライトは手に握っていた。

そして薄気味悪いガレージを通ってトイレに入り（和式タイプの便器）、まさに用を足し始めたとき、私は股間に今まで感じたことのない衝撃を感じ、驚愕のあまりオシッコをまき散らしながら絶叫した。おそるおそるフラッシュライトで便器を照らしてみると……20センチ以上はある不細工な1匹のカエルと目が合った。

（私の股間にぶつかってきたのはおまえか！）と、カエルと睨み合いをしていると、私の叫び声に驚いて飛び起きてしまったママが〝ナギ！　大丈夫!?　さっきの悲鳴は何!?〟と、大きなホウキを抱えて走ってきた。

ママに事情を説明すると「もー！　ビックリさせないでよ。でも、無事ならよかったわ」というやさしい言葉とは裏腹に、すさまじい勢いでホウキを振りおろして、大きなカエルを一撃のもと叩き殺してしまった。さすが、アフリカ。手が早い。

それにしても私のオシッコをかけられて一生を終えることになってしまったなんて、あのカエルには本当に悪いことをしたと思う。なぜ、あのとき、フラッシュライトをつけて便器を確認しなかったんだろうと未だに悔やんでいる。それ以来、私は一匹でも多くの生き物の命を守るべく、暗闇でトイレを使用するときは便器を一度ライトで照らすようになった。

カエルのトイレも驚いたが、過去に一番衝撃を受けたトイレもまた、ウガンダのトイレだった。それは図書館エリアの公衆トイレだった。お手伝い中に「近くにトイレない？」と尋ねると、徒歩

3分圏内に公衆便所が4棟もあるという。しかし、そのうち使えるトイレは1棟の1室のみ。その使えるであろうトイレへと向かい、中へ入ってみると、そこには和式タイプの便器があった。問題はその中だった。便器の中に〝1本〟や〝2本〟用意されているくらいでは驚きもしないが、なんと便器いっぱいに土らしきものがビッシリと詰まっていたのだ。普通ならば、それが使えるトイレだとは思わず、ここではない！　と場所を変えるのが正しいのだと思うが、アフリカの変な文化に慣れてしまっていた私には「この土を耕せってことね。アフリカだもんね」と、変な解釈をしてしまい、あふれんばかりの土に向かって用を足してしまったのだ。そして、次の瞬間……。

オシッコを浴びた便器の中の土が、グワーンと静かに波打ち始めた。

初めて見る光景に驚いて、早く逃げ出したかったのだが、なかなか止まらない。そのあいだにも便器の中の土は勢いを増し、より激しく波打ち、しまいには、何かがピチピチと飛び跳ね始めた。正直、この動く便器は気味が悪かった。が、生まれて初めて見る波打つ便器にものすごく興味を惹かれた。

（今このチャンスを逃したら、もう二度とこの動く便器を見ることができないかもしれない……）

そう思ったとき、私は思いっきり便器に顔を近づけて観察していた。そして、驚きの事実を発見した。便器にビッシリ詰められていたのは土ではなく、〝大量の人糞〟だった。そして、その中で命を宿した無数のミミズのような小さな生き物が私のオシッコを天の恵みと勘違いしたのか、元気よく飛び跳ねたことにより、便器の一部だと思っていた部分がグワーンと波立ったのだ。

この後、トイレの場所を教えてくれた人に「何年使ったらあんなにキレイにウンコが便器に溜まるの?」と、聞いたときに、初めて自分が教えられたトイレとは別のところを使用してしまったことに気がついたのは言うまでもない。が、今となっては間違えたからこそ、見ることができた奇怪な便器として、私の脳裏にハッキリと焼きついている。私は一生、あの波打つ便器を忘れないと思う。

生命とは

図書館の手伝いが終わり、家に戻ると近所のお母さんが外で泣きくずれていた。村の人たちがそのお母さんを囲むようにして、暗い顔をしていた。何事かと思っていると、ホームステイ先のママが「彼女の子供が死んじゃったの」と教えてくれた。その子はつい数日前までは元気だったのに……。あまりにも突然過ぎる子供の死に、私もショックを受けた。子供を亡くしたお母さんは夜通し、泣き続けていた。

――その翌朝。

当然のように、今日も周りは暗い雰囲気なんだろうなと思っていたのだが、外からは笑い声が聞こえた。外に出てみると、昨日子供を亡くしたお母さんが、ケラケラと笑って踊っていた。

（なんで？　なんで笑ってられんの？）

私は正直、面識のあった子供が突然死してしまったショックからまだ立ち直れずにいるのに、そのお母さんの切り替えの早さに言葉を失ってしまった。

それから数日後、今度は近所の教会の牧師さんが突然、死んだ。このときも、村の人はみんなでひと晩泣き明かしていたのだが、やはり翌日には何事もなかったかのように、みんなケロっと笑って過ごしている。この切り替えの早さはなんなんだろうか。私にはわからなかった。

それから、また数日後の深夜。近所の若い妊婦さんが突然、腹痛を訴えて近くの病院に運ばれたのだが、数時間後に彼女はそのまま帰らぬ人となってしまった。私は医者が診たときには手遅れの状態だったのかなと勝手に思っていたのだが、どうやら違った。〝その場ですぐに医者がジェネレーター（発電機）を動かして、手術をしていたら彼女は助かった〟と、近所の人は言っていた。

最初はその意味がまったくわからなかったのだが、このエリアでは電気がないため、病院なんかにはジェネレーターが備え付けられていて、どうやらその医者はジェネレーターを使うことを拒んだらしい。救急で運ばれた娘さんの家族は「娘を助けてくれ」と懇願したらしいが「おまえらに使う燃料がもったいない」と、医者は燃料をケチったという。このアフリカでは、燃料や砂糖よりも人の命が安い。いったい、人の命をなんだと思っているのだろうか。

正直、私にはそんな命のとらえ方をとうてい理解できないし、ついていけなかった。
ただ、きっとここの人達にとって〝死〟というものはつねに隣り合わせで、私たちよりもずっと身近なモノなのだということを、彼らを見ていて感じた。あまりにも死が身近過ぎて、それゆえに、笑っていなきゃやっていられなくなってしまったのだと思う。笑っている彼らが悪いとかじゃなくて、過酷な環境に適応するために、彼らは自然とそうならざるをえなくなってしまったんじゃないかと思った。

今回、私がウガンダに滞在した3週間のあいだに、いったい何人の人が死んでいっただろうか。死に対して免疫力のない私は、そんな知らせを聞くたびに落ち込んだし、人が死んでも翌日にはケロっと笑っている彼らにもついていけず、何度も気が滅入りそうになった。そんな状況で、アフリカ特有の理不尽さに直面した。これはウガンダにかぎらずだが、ときとして、アフリカ人は矛盾したことを言う。（※もちろんすべてのアフリカ人ではない）
彼らは「お金がないから私たちに仕事をくれないか」と言うのだが、実際に仕事をつくって渡したとしても、あまり真面目に仕事をしない。〝もっと楽な仕事ないの？〟と、すぐに放り投げてしまうのだ。けっして難しい仕事ではないはずなのだが、商品やサービスを売る場合には一定のクオリティを保たなきゃいけないという前提が理解できず、「コレと同じモノを作ってね」と言っても、まったく異なるものを平気で出してくる。

「コレじゃダメなんだよ」と言っても「何が違うかわからない」と、逆ギレして仕事を放り出してしまう。しまいには「なんで6時間も8時間も拘束されて働かなきゃいけないの？　だったらカラダ売ったほうがマシ」と言って、また売春に戻ってしまったりするのだ。

そして、貧しいエリアには某ボランティア団体が支援物資を送っているのだが、現地の人は完全に支援慣れしてしまっていて、支援物資がせっかく届いても「また物かよ。金持って来いよ、金」といった感じである。なんか、すごく違う気がした。

これまでも、こういったアフリカのネガティヴな面はチラホラと見えていたのだが、私は意識的に目をそらしてアッパーで面白いアフリカだけ見ようとしていた。ただ、このウガンダで目を背けていたかったはずのものと向き合わなきゃいけないときが、とうとう私にも来て、キャパオーバーになってしまった。

正直、見たくなかった。アフリカ人とどう接したらいいのかわからなくなってしまった。そんなとき、同じエリアでボランティア活動をしていた欧米人に出会った。私は彼女たちに、これまでのことをすべて話した。「ここに来るまではアフリカ人のことが大好きだったけど、この先、どう距離をとったらいいかわからない」と、私が話すと、彼女たちは口を揃えてこう言ったのだ。「私たちはアフリカ人もアフリカも大嫌いよ。でもね、大嫌いだけど、大好きなの。簡単に人を裏切るし、真面目に仕事もしないけど、私達まで見放してしまったら、誰がこのアフリカに手を差し伸べるの？　好きだけじゃアフリカとは付き合っていけないわよ。ゆっくり考えたらいい。本当に好きだったら、あなたはきっとアフリカに戻ってくるはずだから」と。

　彼女たちの説明を聞いた私は腑に落ちたような、落ちていないような気持ちになった。そんな気持ちのまま、事前に予約してしまっていたガーナへの旅路へと、重い足を進めたのであった。

08

ガーナ

2011年11月→

国名:ガーナ共和国

首都:アクラ

面積:23万8,537㎢(日本の約3分の2)

人口:約2,590万人(2013年)

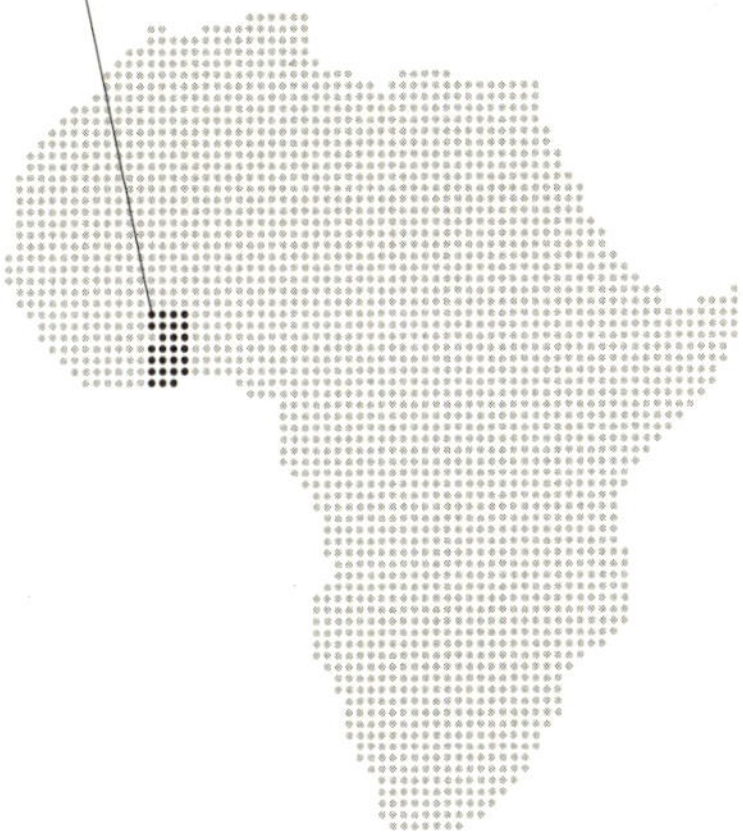

パイナップルが安いのが魅力的だが、
それ以上に魅力的なのは
パワフルで陽気な人懐っこいガーナ人。
アフリカの中でも比較的、
カナリ安全な国だと思われる。

アフリカにいると「入国時にワイロを要求されて、足止めをくらった」なんて話はしょっちゅう聞くし、私がワイロなんて要求されたことがないなんて話せば〝それはかなり運がいいよ〟と言われてしまうくらい、アフリカではワイロがあたりまえとなっている。

初ワイロ

——そんな私の初ワイロ体験は、ガーナだった。

他国同様、ガーナでもパスポートとビザさえ見せれば、簡単に入国できると思っていた。しかし、入国審査時に「おまえのビザは有効期限切れだから、入国は無理」と言われ、パスポートを突き返されてしまった。あわててビザを確認したのだが、何度確認しても私のビザは切れていない。私をすっ飛ばして他の人の入国審査を始める入国審査官に「私のビザは切れてない。今月の24日まで有効だから、ちゃんと確認して！」と、何度も訴えているのに「おまえがビザ取得したのは8月！だから8、9、10月、要は先月でおまえのビザは切れてんだよ！　下がってろ」と、まったく私の話を聞いちゃくれない。

ガーナのビザは〝有効期限○月×日〟というような記載方法ではなく、〝ビザを取得した日から3カ月間有効〟という記載方法だった。そのせいで、このような事件が起こる。私が取得したのは

8月24日。そこから3カ月ならば、有効期限は11月24日なはずだ。それを何度も言っているのに入国審査官のあんちゃんは8月から数えやがる。

（ガーナの入国審査官は、数すら数えられないのか）と苛立ってはいたが、それよりも、このまま入国できずに日本に戻るはめになってしまったらどうしようかと不安でしかたなかった。そんな不安の中、私は同じ飛行機に乗っていた乗客全員の入国審査が終わるまで、ひとり突っ立っていた。

そして、全員の入国審査が終わると、すぐに例の数の数えられない入国審査官のあんちゃんが「入国したいか？　オレが助けてやろうか？」と、近寄ってきたのだ。私がワラにもすがる思いで大きくうなずくと、あんちゃんは「よーし、オレがおまえを助けてやろう。その代わり、お礼くらいできるよな？　オレはおまえを助けてやるんだから！」と、私にだけ聞こえる声で言った。

私はこのとき、ようやくコレがワイロの要求だということに気がついた。

あんちゃんはニヤニヤしながら、早く金を出せと言わんばかりに手を出していた。でも、こういうときに逆らったり、安過ぎる金額を払うと、逆ギレされて入国できなくなるという噂を聞いていた。

しかし、初めてワイロに遭遇した私には相場がわからない。できることなら少額ですませたい。が、ケチり過ぎて入国チャンスを失っては元も子もない。というか、そもそも手持ちがない。私のメイン財布には50ドル札が1枚と20ドル札が1枚しか入っていなかった。とりあえず、お金を出すふりをして、50ドル札に手をかけながらあんちゃんの方をチラっと見ると、彼は50ドルに目をキラキラ輝かせていた。

（50ドルもらえたら御《おん》の字ってことか……それなら、それ以下でもイケる……）

私は20ドル札1枚だけをあんちゃんの前に差し出して「この財布に入ってるのが私の全財産で、ココから滞在中の宿代も払わなきゃいけないから、20ドルで勘弁して」と、深く頭を下げてみた。すると、あんちゃんは少々不満そうではあったが、〝もらえないよりはマシ〟だと思ってくれたのだろう。私から20ドルを受け取ると「早く行け！」と解放してくれた。

（思っていたよりも安くすんでよかった……）と、速足で手荷物を取りに向かった。まさかの二度目の足止めを食らうことも知らずに……。

私が自分のバッグを引き取って出口のほうへ向かおうとすると「ちょっと来い！」と、野太い声に呼び止められた。声のするほうに振り返ると、そこにはラスボス級のサイズ感の仏頂面のねえちゃんがいた。どうやら税関スタッフのようだ。
ねえちゃんに〝バッグを開けろ〟とアゴで合図され、おとなしくバッグを開けてみせた。しかし、ねえちゃんはいっこうにバッグの中身をチェックしようともしなければ、動く気配すらない。いったい、なんのためにバッグを開けさせられたのだろうかと疑問に思い、ねえちゃんの顔を見た瞬間
「ペイ・ミー！」と、仏頂面で言われた。
もちろん、言葉の意味はわかっていたけども、私は税関で申告しなきゃならないものなんて持っていなかったし、なぜ、私が彼女にお金を払わなきゃいけないのだろうか。その意味がわからず、

私はポカーンとしてしまった。ねえちゃんは私がポカーンとしていたせいか、言葉を聞き取れていないと思ったのだろう。さらに煽るように大きな声で「ペイ・ミー！」と連呼した。

（あっ……これもワイロか）

直球のワイロ要求だったのにもかかわらず、今さら気づいた。

このガタイのいいねえちゃんを怒らせたら私なんて、簡単に握りつぶされてしまう。できることならば小銭を渡してさっさと逃げたかったのだが、ねえちゃんに渡せるほどのお金を持っていない。払いたくても払えぬワイロ……。そんな私の財布事情なんて知る由《よし》もないねえちゃんは、なかなか財布を出さない私に「ペイ・ミー！」と、鬼の形相でキレた。

（アフリカにも鬼がいる……）

このメス鬼と普通に闘ったら、絶対勝てない。言葉でも力でも勝てやしない。だからといって、泣いて逃げられる相手でもない。この場合は、言葉がわからないふりをするしかない。

ねえちゃんが「ペイ・ミー！」と放つたびに、私は日本語で「わかんないよー!!」「何言ってるのー」「もうわかんないってば」と騒ぎ続けた。そのかいあってか、「ペイ・ミー！」を連呼していたねえちゃんが、ついに黙った。これはもう私のねばり勝ちかと思いきや……私の肩から見えていたスポブラのストラップを力ずくで引っ張り上げて、今度は「ギブ・ミー・ディス！」ときた。

こんなお古のスポブラでいいのなら全然あげてもよかったんだけどさ、小さ過ぎるんだよ、ねえちゃんには。もう、ねえちゃんの力ずくな感じがイヤで、思わず私が「Too small」と言葉を漏らすと、ねえちゃんは顔を真っ赤にして「Go!」と怒鳴った。おー、コワッ。

真実を話す者

ガーナの空港内で2回もワイロを要求されたせいで、空港を出るときにはガーナ人のイメージは、私の中で最悪だった。でも、そんな悪いイメージは、空港を出てからすぐに解消された。それは、トーク・トゥルーというひとりの男との出会いがきっかけだった。

彼と出会ったのはガーナのゲストハウスだった。このゲストハウスはアメリカ人のおばあちゃんがボランティアで運営していて、そこの支配人として雇われていたのが彼、トーク・トゥルーだった。ウガンダでまのあたりにした過酷なアフリカ事情と、ガーナでのワイロ攻撃でやつれた心を癒やすべく「ひとりパイナップルツアー」を敢行していたときに滞在したのが、そのゲストハウスであった。

ガーナ人は、基本的にとても人がいいと言われているが、彼は正真正銘のジェントルマンであった。お金を預けると、たいていの場合において、少なくなって返ってくるのがアフリカ。それはガーナとはいえ、例外ではない。しかし、彼は信頼できる男として、現地人だけでなく、諸外国の人間からお金を預かり、1ドル1セントたりとも抜かずに返す。そしてアフリカ人は非常にウソがへ

トーク・トゥルー

たで、彼らがウソをつけば私はすぐにわかる。でも、トーク・トゥルーはウソもけっしてつかない。話していて、非常に誠実な男だということがわかった。

そんな彼に「なぜ、あなたはそんなにも誠実なの？」と聞いてみたると、彼はうれしそうに笑って、少し考えてから、こう答えた。

「僕のトーク・トゥルーという名前は本名なんだ。その名前に恥じぬように生きる義務が、僕にはある」

その瞬間、ウガンダで体験した教育や生命の問題、そしてガーナにはびこる汚職、それらとは正反対にあるキラキラ光るアフリカの側面を見た気がして、心が洗われた気分になった。

そんなトーク・トゥルーが地元を歩くと「トーク・トゥルー！」「トーク・トゥルー！」と老若男女から黄色いコールがかかった。この誠実な男は、方々で大きなリスペクトを集めていた。

そんな彼は料理がとても上手で、私の滞在中、毎日違うガーナ料理を作ってくれた。スパイスのきいた豆のシチュー、魚と揚げバナナの炒め物、そしてアフリカンピザ。未だに彼の作ってくれた料理は、アフリカ歴訪史上ナンバーワンだ。アフリカ渡航で、5キロ太って帰国したのも、これが初めての経験だった。

オブロニとオビビニ

このトーク・トゥルーとの出会いで、私のガーナ滞在はとても快適なものになっていた。ゲストハウスも快適だし、何よりも町の人が穏やかでフレンドリーだった。

トーク・トゥルーに、このエリアは安全だから、ひとりで歩いても大丈夫だと言われたので、私は毎日ひとりでパイナップルを買いに外に出ていた。私が外に出ると、町の人が必ず笑顔で「ナギ！」と声をかけてくれる。中には知らない人もたくさんいて、なぜ、私の名前を知っているのかが不思議だった。私がそれをふとトーク・トゥルーに話すと「初めてナギがココに来たとき、町の人にはものすごく無防備に見えたみたいで〝何かあったら大変だから、あの子は私たちが守ってやんなきゃね〟って、彼らが話していたよ。だから、ナギがどこに行ったのか、ナギを最後にどこで見たのかを、みんなで情報共有しているみたい。ここは安全だけどみんなが守ってくれたら、より安全に過ごせるね」と。

どうりで、いつも私は誰かに見られているのか。確かに、こんなに視線を集めている女に、あえて危害を加えるヤツはそういないわな。ありがたい話だ。

そんな守られた環境で町なかを歩いていると、小さな子供たちに「オブロニー！」と声をかけられる。のちに、オブロニというのは現地語で〝白い人〟という意味であることを知ったのだが、ガーナ人はとにかく外国人が大好きらしい。子供たちの中には目を輝かせながら「オブロニー」と握手を求めてくる子もいる。その目の輝きは、まるでハリウッドスターを見るかのような眼差しである。

そんなガーナ人と、手っ取り早く仲よくなれる言葉をトーク・トゥルーから教えてもらった。

その魔法の言葉が「オビビニ」。これは現地語で〝黒い人〟という意味らしい。

最初はこれまでの体験から〝白〟だの〝黒〟だの肌の色のことを言葉にするのは差別になるのではないのだろうかといろいろ考え過ぎてしまって、せっかく教えてもらった言葉もなかなか口にすることができなかったのだが、トーク・トゥルーから「オブロニに、オビビニって言われたら、オビビニはみんな喜ぶから大丈夫！」と背中を押された私は、すれ違った子供におそるおそる「オビビニ」と話しかけてみた。

すると、子供はめっちゃ恥ずかしそうに、顔をクシャクシャにしながら喜んでいるではないか！そして、すかさず満面の笑みで「オブロニー！」と、返してくれた。その後も調子こいて何人にも「オビビニ」と話しかけたのだが、全員が必ずクッシャクシャの笑顔で「オブロニー」と返してくれる。ときには返事とともにハグまでしてくれる。ここでは、英語も現地語もわからなくても、オブロニとオビビニという言葉だけで仲よくなれてしまう。これこそ、魔法の言葉だろう。

肌の色の話題も、その国々やときどきによって、さまざまに変わるなあと思った。

ガーナの子供

雑過ぎる美容室

アフリカの女性は、みんなオシャレな髪型をしている。西アフリカはとくにエクステを華やかに付けている人が多くて、ヘアスタイルを見ているだけでもなかなか面白い。エチオピアでは何度か現地の美容室に行ったことがあったのだが、西アフリカの美容室にはまだ行ったことがなかった。私は暇つぶしもかねて、近所の美容室に行ってみることにした。

行ったお店は、恰幅のいいオバちゃんが子供をあやしながらやってる、めっちゃローカルな美容室だった。キッチンバサミのようなハサミで髪を切ってもらう勇気がなかった私は〝おまかせ〟で編み込んでもらうことにした。

まあ、髪の毛をエクステと一緒に編み込むわけだから髪を引っ張られることや、多少の痛みがともなうことは覚悟のうえだった。もちろん、日本のような接客での気づかいがないということも重々承知のうえだった。でもさ、それにしてもさ……。

雑なんだよ！　雑過ぎんだよ、オバちゃん！

エクステを編み込んで、余分なエクステを切るとき、オバちゃんはハサミを使わないんだよね。すぐそこにハサミがあるのに、オバちゃんは私の顔の真横でエクステを力ずくで引きちぎろうとするわけよ。そうすると、その反動で勢いあまったオバちゃんの手が、私の頬骨に思いっきりあたるわけよ。これがけっこう痛いのよ。

最初は（つい勢い余ってあたっちゃうことだってあるよね。ハサミ使わないんだもん）って、思って我慢していたんだけど、1回や2回のパンチじゃないのよ。頭を全部編み込んでもらうのに最終的に6時間かかったんだけど、この6時間のあいだ、一定のペースでパンチが顔面に飛んできたのよ。さすがに私もイラッとしちゃって、露骨に「痛っ！」って嫌な顔して言ったのに、それでもオバちゃんは「ソーリー♡」って軽く流して、パンチを繰り出し続けるわけよ。しまいには謝りもしなくなるもんだから、もうコレは根比べだと思って、耐え抜いた。

ブレイズと呼ばれる髪型の出来は悪くなかったが、もう二度とガーナの美容室には行かない。美容室でKOされるのは嫌だから。

ワイロ、アゲイン

ガーナでのワイロ話には後日談がある。

パイナップルツアーセカンドシーズンを実行すべく、二度目のガーナ訪問を翌年の12月に果たし、その23日、私は日本に戻るため空港にいた。

オビビニたちと楽しい再会を満喫した私は一度目の訪問で、二度もワイロをせびられたことなんて忘れていた。

私の手荷物は、無料手荷物許容量を4キロほど超えてしまっていた。これはスタッフによっては、けっこう見逃してもらえる範囲ではある。が、オーバーしてしまっていることは事実なので、超過料金を要求されたらソレはちゃんと支払うつもりでいた。

案の定、チェックイン時にスタッフのあんちゃんに「超過料金を払ってください」と言われてしまったので「いくらですか？」と尋ねると、彼は200ドルだと言う。

（予想よりも高っ！　さすが、エミレーツ……捨てる荷物ないし、しかたないかな）

そんなことを思いながら財布を見ると、お金がない。そうだ、私、もう手持ちがないんだった。

（まあ、でも、空港だし、クレジットカードを使えばいっか）

あんちゃんにクレジットカードを渡すと、なぜか「カードは使えない。現金じゃなきゃダメだ」と、しかめっ面。エミレーツ航空がクレジットカード非対応だなんて……出発地がアフリカだと、さすがのエミレーツでもカードは使えないというのだろうか。とりあえず、私は捨てる荷物がないということ、手持ちがまったくないということを切実に伝えてみたのだが、あんちゃんは相変わらず「キャッシュオンリー！」の一点張りで、チェックイン手続きを始めちゃくれない。

刻一刻と近づいてきた搭乗時間。

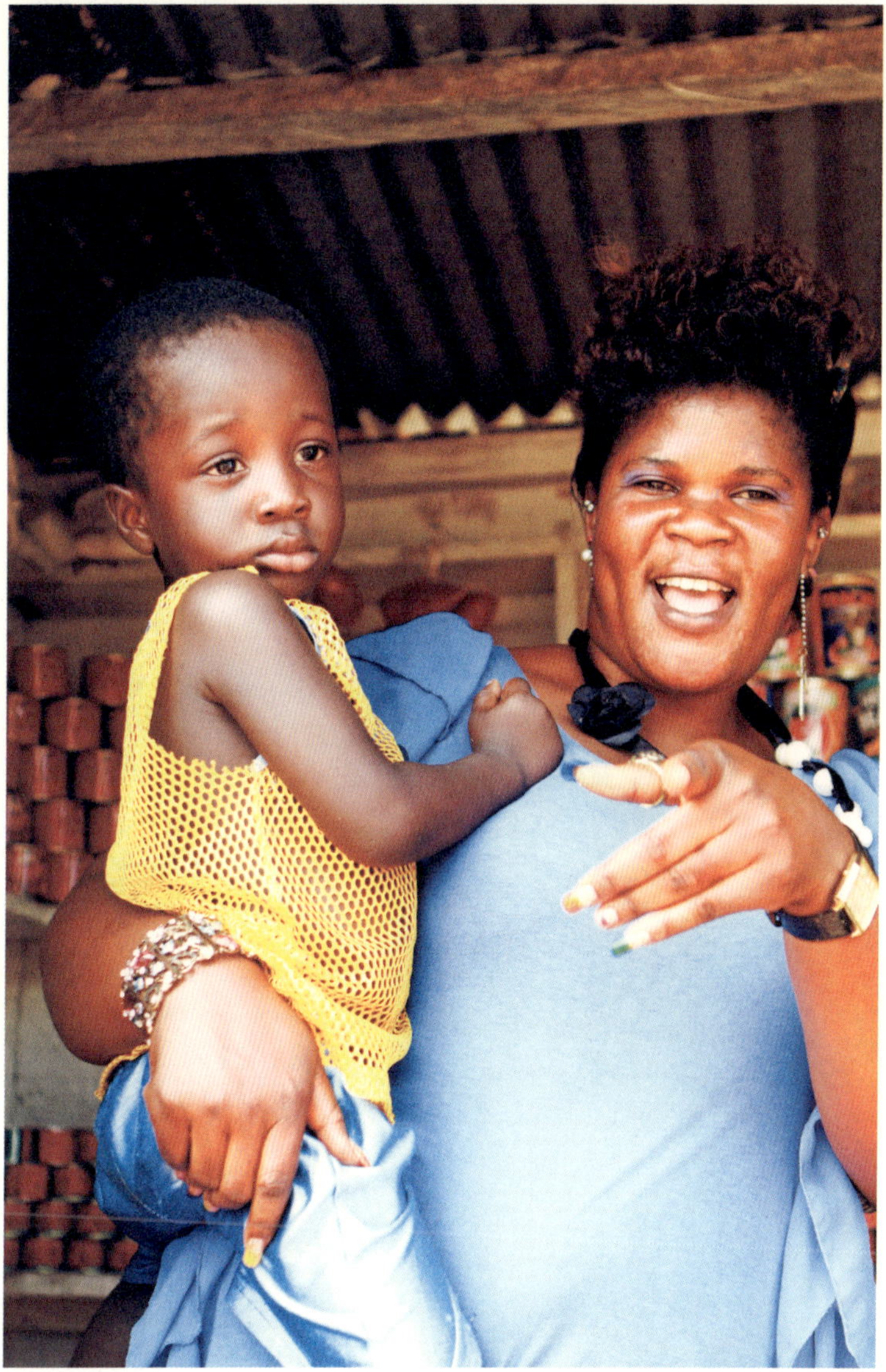

ガーナの女性

しかし、時間はたてど、増えることのない財布の中身。気持ちだけが焦るなかで、私は約40分間「カードならあるが、金はない」と、あんちゃんに訴え続けた。

そのかいあってか、まったく手を動かさなかったあんちゃんが突然、カチャカチャとパソコンをいじって、チェックインの手続きを始めてくれたではないか。そしてあんちゃんは搭乗券を手渡す際に、ウインクしながらこう言った。

「超過料金の200ドルは僕からのクリスマスプレゼント」

単純な私は〝なんてシャレたアフリカ人なのだろう！〟と、一瞬感激してしまったのだが、次の瞬間「だから君も僕に何かクリスマスプレゼントをくれないか？　君だけもらえて、僕がもらえないのは不公平だ」と言い始めた。

気づくのが遅かった私もバカだけど、結局、超過料金の200ドルもワイロかよ！

そりゃワイロはカード払い不可だわな。それにしても、ワイロ要求のくせに言い回しをオシャレにすんじゃねー！　堪忍袋の緒が切れかかった私は、こぶしを彼の目の前に突きだして「んー！」と奇声を上げた。そしたら、なぜか見逃された。

09

カメルーン

2012年11月→

国名:カメルーン共和国

首都:ヤウンデ

面積:47万5,440㎢(日本の1.26倍)

人口:2,225万人(2013年)

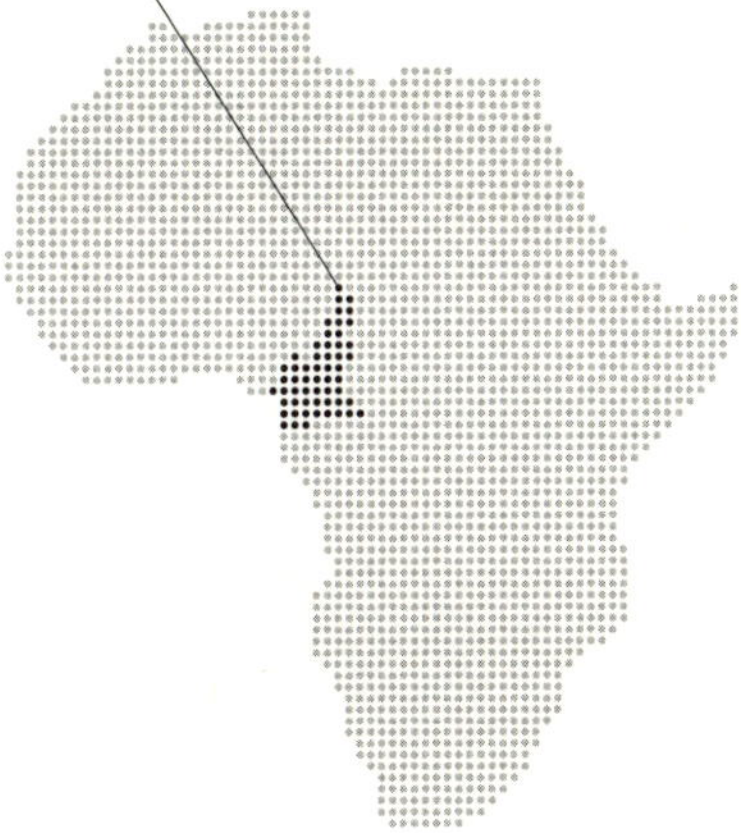

ウガンダやマリほどの
くどいアフリカ感は感じないが、
心地よいアフリカの
空気を感じる国。

私の夢がかなった瞬間

幼少期、テレビでマサイ族を見てからずっと私が抱き続けてきた夢。

それは、彼ら少数民族と同じ格好をして、同じ時間を共有することだった。

初めてアフリカ大陸に足を踏み入れた2009年。裸族や少数民族と呼ばれる人たちと何度も接触はしてきたのだが、現代文明から離れて暮らしていればいる人たちほど、身にまとっている服が少なければ少ない人たちほど、誇りが高く、心の距離を縮めるのが難しいという結論にいたった。

私が彼らの自然なカッコイイ姿を写真におさめたくても、彼らからしたら、私はただの観光客でしかない。シャッターを切れば切るほど、彼らは眉間にシワを寄せ、すぐ機嫌を損ねる。だから、私が撮りたい本来のカッコイイ彼らの姿というのは、なかなか写真におさめられずにいた。

私は人見知りで、コミュニケーション能力はきわめて低いけれど、幼少期からアフリカの少数民族と仲よくなるには〝同じ格好をすれば必ず仲よくなれる〟という根拠のない自信があった。

ただ、今までの私には「同じ格好をしたい」とガイドに伝える勇気と語学力が欠けていて、それをかなえられずにいた。


――だが、時は来た。

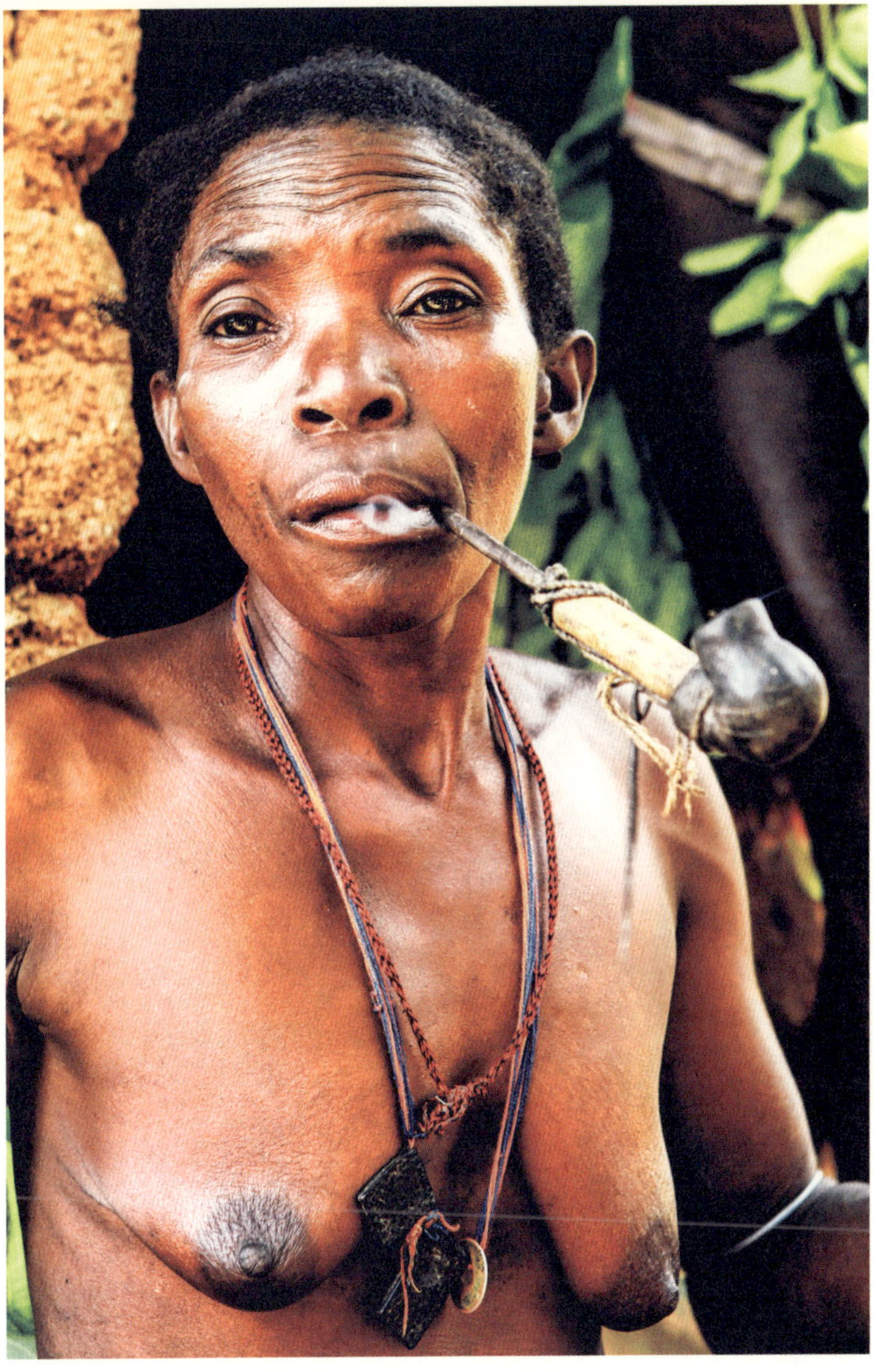

コマ族の女性

私の長年の夢がついにカメルーンの山奥でかなった。

その夢をかなえてくれたのは、カメルーンの山岳地帯に暮らすコマ族だった。彼らは、お尻の割れ目と前だけを葉っぱで覆《おお》う〝リアル葉っぱ隊〟のような姿で暮らしている。

私はガイドのウェインフェンと首都で合流し、車で2日間北上し、そこから数人のクルーを引き連れて片道3時間の山を登って、コマ族が暮らす場所へと向かった。

息を切らしながらコマ族の集落に到着すると、彼らは「マヤマヤマヤー♫」と歓迎の挨拶をしてくれたのだが、ひととおりマヤマヤ言い終えると、ピタッと黙った。そして、他の国の少数民族となんら変わりない〝写真をとっととと撮って、手土産（お金）置いて帰んなさい〟という雰囲気を露骨に醸し出していた。

コマ族の集落は他の少数民族のエリアと比べて、あきらかに観光客だって少ないはずなのに、それでも彼らはビジネスライクだった。まあ、今回はビジネスライクだろうが、フレンドリーでなかろうが、かまわない。今の私には、この雰囲気を打破する自信がある。

私はまず、英語ガイドのウェインフェンに「服を脱いで、コマ族と同じ格好がしたい」と伝えた。彼は目ん玉をひんむいて「Are you serious!?（おまえ、正気か）」と、声をあげた。「もちろん本気ですとも。はやくもうひとりの通訳（フランス語⇕コマ族の言語）にも伝えて」と、私はウェインフェンにお願いをした。

すると、案の定、ウェインフェンから私の伝言を聞いたもうひとりの通訳も「Are you serious!?」と、ぶったまげながら私の顔を見た。彼は「脱ぐと伝えて、おまえが怖気《おじけ》づいてみろ? 逆に失礼にあたるぞ。やめとけ」と、止めに入る。

私がウェインフェンと通訳に「私は小さいときからアフリカの少数民族が大好きで、彼らと同じ姿になって仲よくなるのが夢だったんだ。その夢をかなえるために手を貸してほしい」と、真剣に伝えると、渋々ではあったが「長老に聞いてみる」と、通訳が動いてくれた。

通訳から私の話を聞いていた長老は次第に笑顔になり、手招きをしながら「われわれの文化を、君のような白人の女の子が尊重してくれることを嬉しく思う」と言ってくれた。そして、長老は自分の奥さん4人を集めて、私の着替えを手伝うよう頼んでくれた。

長老の家に入ると、4人の奥様が〝脱げるものなら脱いでみなさいよ〟と言わんばかりの表情で腕を組んで私のことを待ちかまえていた。4人の視線をモロに浴びながら、私はTシャツにズボン、お気に入りのスポブラをはずした。最後にボクサーパンツを脱ごうとした瞬間、奥様たちからストップがかかり、彼女たちはパンツの上から腰ひもを巻き、葉っぱを差し始めたのだ。

(あ、きっと私が恥ずかしくないように気を使ってくれてるんだ! 小学校のときの水泳の授業のような方式で、葉っぱをつけ終わった後にパンツを脱げってことか!)と、私は葉っぱを差し終わるのをおとなしく待った。

（さぁ、葉っぱは差し終えた！）

ボクサーパンツを脱ごうと私がパンツに手をかけると、ペチン！　と奥様たちが私の手を叩く。

（ん……？）

もう一度パンツを脱ごうとすると、またもやペチン！　と彼女たちは私の手を叩いた。

彼女たちは私に「パンツは脱がなくていい」と言っているようだ。しかも、中途半端な姿の私の手を引っ張って、家の外に出ようとしてるじゃないか。

（ちょっと待ってくれ……私はこんなダサイ柄のパンツを見られたくない）

私は外で待っているウェインフェンに聞こえるように叫んだ。

「私はパンツを脱ぎたいのに、彼女たちがパンツを脱がせてくれなーい！！」

外から通訳が、〝ナギはパンツ脱ぎたいんだって〟と、奥様たちに伝えてくれるのを待ち、私がパンツに手をかけると、手をひっぱたかれることはもうなかった。私が一瞬でパンツを脱ぎ捨てると、さっきまでは無表情で葉っぱをつけてくれていた奥様たちが、笑顔で「マヤマヤマヤー♫」と歌って踊り始めた。

奥様たちの歓迎の舞にまぎれながら私が葉っぱ姿で登場すると、ウェインフェンと通訳は「OH MY GOD!」と、口をアングリ開けて驚いていた。が、コマ族たちは大喜びである。そして私はす

コマ族とヨシダナギ

ぐに長老から「近《ちこ》う寄れ」と呼ばれ、長老のもとへ行くと「わしは非常に君のことが気にいった！　潔い女は気持ちがいぃ！　わしの五番目の妻として君を迎えたい」と、まさかのプロポーズ。

この日、幼少期から抱いていた私の〝同じ姿になったら仲よくなれる〟という根拠のない自信は、長い年月を経て〝確信〟へと変わり、遠く離れたカメルーンの長老の心に、私の思いは届いた。もちろん、通訳に言葉を代弁してもらうのもひとつの手ではあるとは思うけれど、やっぱりソレだと、時差がどうしても生まれてしまう。

そう考えると、言語の壁を簡単にぶち壊してくれるのは〝態度で示すこと〟なのだと思った。無表情だったコマ族の奥様たちの笑顔を見たとき、〝脱いで本当によかった〟と思ったし、初めて身にまとった葉っぱスタイルにとても興奮した。

だって、葉っぱって想像していたのと違って、意外と保温性高いんだもん！

簡易写真館

私がカメルーンに来た理由のひとつはもちろん、コマ族に会うことだったんだけれども、もうひとつはチャドに行くため。日本には、チャド大使館がなくてビザが取れない。そこで今回はガイドのウェインフェンにビザとかを手伝ってもらって、一緒にカメルーンからチャドに大移動するスケジュールでいたのだ。

カメルーンのチャド大使館にビザの確認をしに行ったら「証明写真の背景は白でヨロシク！　それ以外の色はＮＧだから！」と、背景色の指定まで受けてしまったので、私たちは写真館を探すことになった。白背景ならどこの写真屋さんにもあたりまえのようにあると思っていたのだが、さすがアフリカ。写真屋さんをのぞいても、白背景とはほど遠い土や岩の壁ばかり。ノーマルとされている白背景がまったくない！

何店舗もまわって、やっとウェインフェンから「ナギ、ここの店で白背景の写真撮れるって！」と、言われた写真館は、薄暗い12畳ほどのコンクリの壁の建物だった。入口から中を見渡しても、まったく白い背景なんて見あたらない。（全然、白い壁ないじゃん……）と、思っていると、写真館のスタッフらしき男性が、突然、私の目の前に今にも壊れそうな木の丸椅子を乱暴に置いた。

「座れ！」と、怖い目で威圧された。

（もしや、ここで写真を撮る気なのか？　ここの背景はコンクリだぞ⁉　しかも、これじゃ他の客も写り込んでしまうじゃないか）

不安過ぎる。大使館から白背景を指定されてるのに、こんな写真使えるわけがない。私が椅子から立ち上がろうとすると、後ろの男に「座ってろ」と肩を押さえつけられた。

それからすぐに、年季の入ったコンパクトデジタルカメラを構えた大柄の男が横から現れて、強い口調で「前を見ろ」と言う。私がビビリながらも「すいません。背景は白じゃないとダメなんです……」とつぶやくと、大柄なあんちゃんはアゴをクイッと上にあげて、私の背後にいるであろう男に合図を送っていた。が、後ろのあんちゃんへの合図ではなかった。

新しい男がスーッと現れて、私の背後で肩を押さえていた男と入れ替わったのだ。そして、その新しい男は無表情でシワとシミだらけの白い布を、勢いよく両手いっぱいに広げた。

（ひー！　こんな適当な背景でいいの!?　シワとか大丈夫なの!?）

私はあまりの即席っぷりに、笑いが止まらなくなってしまった。

すると、カメラマン役のコンパクトデジタルカメラを持った男が「笑うな！」と怒り始めた。怒られても、あまりのシュールさに笑いがおさまらない……。必死に笑いをこらえてみたものの、男は私の顔に納得がいかないらしく、「前歯が出てる！　その存在感のある前歯をしまえ！」「真顔だ！　真顔！」「おまえは真顔がわからないのか！」と、一人前に表情の指示だけは細かい。

男に怒られながら、私は必死に生来出てしまっている前歯をしまいながら顔をつくったのだが、そのかいもなく、でき上がった写真はなぜか薄ボケていた。薄ボケているのに背景が薄茶色のシワシワであることだけはハッキリわかる。

（きっと、こんな写真じゃダメだろうけど、また写真館探すのもめんどくさいし、イチかバチかでシレーっと申請してみよう）

私はその足でウェインフェンと大使館に行き、領事館に突き返されるのを覚悟で証明写真を渡したのだが「うん、よく撮れてる！」とアッサリ受理されてしまった。きっとコイツらが日本の証明写真を見たら、あまりにも〝しっかりと写り過ぎていること〟に驚くことだろう。

10

チャド

2012年12月→

国名:チャド共和国

首都:ンジャメナ

面積:128万4,000㎢(日本の約3.4倍)

人口:約1200万人(2012年)

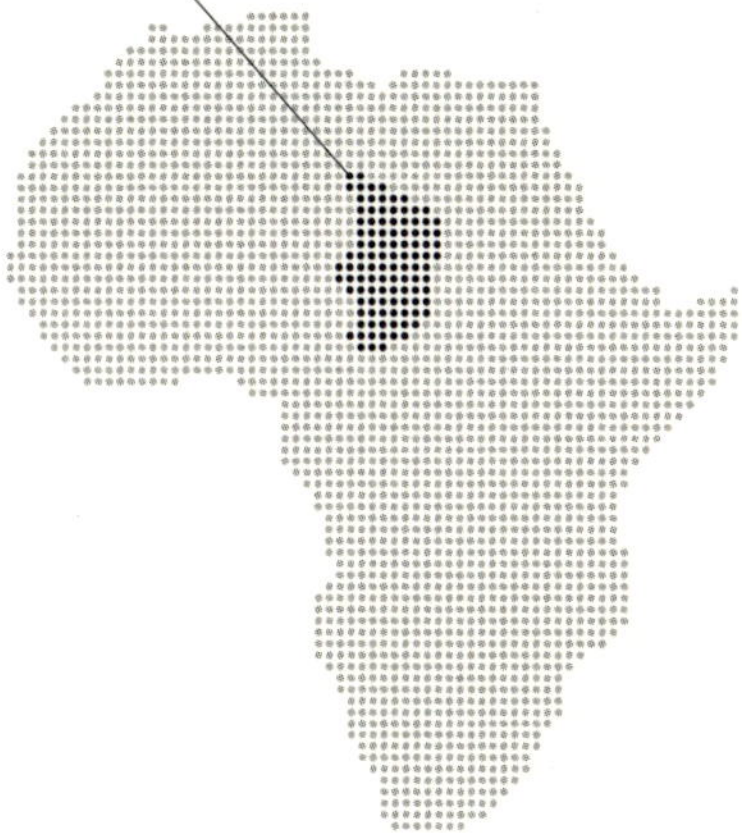

情報が少なすぎる国。
1回行ったぐらいでは未知の国。

未知の国、チャド

チャドは、内戦状態が長いこと続いている。どんなにネットで少数民族について調べても1件もヒットしない。だからこそ、私はこの国に来てみたかった。いったい、チャドにはどんな人たちがいるのかを、自分の目でちゃんと見てみたかった。

ということで、私はカメルーンのガイドのウェインフェンを英語通訳として雇ったまま、チャドへと入国した。しかし、ウェインフェンは情勢の安定していないチャドへの滞在に終始反対していたので、物事はスムーズには進まないのが目に見えていた。そこで、私は味方を増やすべく、フランス語とアラビア語をしゃべれるチャド人をウェインフェンと探すことにした。いろんな人に尋ね歩いて、やっとの思いで見つけた通訳は、非常に頼りなさそうな長身のデブ。時間にさえ余裕があれば通訳をチェンジしたかったが、そんな余裕もないので私たちは急いで首都のンジャメナを出発した。

――移動中、私たちはデブから3つの忠告を受けた。

忠告1：内戦状態のチャドは、いつ起こるかわからない戦争につねに国民がピリピリしている。
　それゆえに些細なことがトラブルにつながるから、とにかく気をつけろ。

忠告2：もし、警察や兵士に捕まった場合は、どんなに理不尽なことを言われても、おとなしくヤツらの言うことを聞け。
忠告3：1日の行動時間は10：00～15：00までの5時間のみ。それ以外の時間は、絶対に一歩も外に出るな。
忠告4：居場所を特定されると襲撃される可能性があるため、宿は毎日変える。同じ場所には二度と戻らない。

最初はチョット大げさに言ってるのかなって思ってたんだけど、意外とデブの言うとおりで、本当に国自体がピリピリしていて、普段ならどってことないことでもみんな過剰に反応して喧嘩したり、険悪なムードになってしまう。これには、さすがの私もいつものようにヘラヘラ笑ってはいられなくて、平和ボケしている日本人の私には耐えがたい空気感だった。

私がチャドで過ごしたのは、たったの5日間だった。なのに、こんな短い期間で私たちの車が警察と兵士に捕まった回数は7回。デブの忠告どおり、外に出ると必ず面倒なことが何かしら起こった。もちろん、私たちが何かしらの違反を犯しているわけではない。すべて理不尽な拘束や尋問だった。そして、捕まるたびに必ずカメラのデータを全消去される。私とウェインフェンのどうでもいいツーショットでさえも消される。とにかく、チャドで撮影した写真はすべて消される。それゆえに、バックアップを取る前に消されてしまったチャドの写真が多数ある。

まあ、チャドの情勢を考えれば、この程度のことは想定内ではある。が、私たちは一度だけ、メチャクチャ血の気の多い兵士たちに捕まって、ひどい目にあった。

いきなりライフル銃を構えた兵士たちに車を囲まれたかと思いきや、車に乗っていた4人全員が乱暴に車から引きずり出されて、ホールドアップ状態になってしまった。全員が背中に銃を突きつけられ、鼓膜が破れそうな大声で罵声を浴びせられ、緊迫状態が続いた。

これが彼らのおどしなのは百も承知で、ビビったり騒いだりしてはいけないことはわかっていた。しかし、間違って発砲なんてされてしまったら……と思うと少々不安にもなった。まあ、でも、私には心強い仲間がいるし、仮にもし、これがおどしじゃなかったとしても（1発目に殺られるのは私ではないだろう）と、心のどこかで余裕をぶっこいている自分がいた。

そんなことを考えながら（そういや、クルーのみんなはどんな感じでホールドアップしてるんだろうか？）と、ゆっくり横を見ると、ブルブルと震えて青ざめたデブとウェインフェンがいた。しかも、このふたりは「ホントにホントに助けてください」と、めっちゃ号泣しながら命ごいをしていた。

そりゃ、いきなり銃を突きつけられたらみんな怖い。その気持ちはわかる。でも、君たちはガイドとして、男として、まず私のことを守らなきゃいけないんじゃなかろうか。私は泣いてるヤツらの姿を見た瞬間から、自分の置かれている状況よりも、泣いてる大柄の男ふたりの姿のほうが恐ろしくて、恐ろしくてしかたがなくなった……。

はたまた、そんなガイドふたりが号泣しながら命ごいをしている真横では、怖いもの知らずのド

チャドの女性

ライバーのヴァンスが大泣きする男ふたりを見て、肩を震わせながら笑いを必死にこらえていた。

なんなんだ、このカオスな状況は。

ヴァンスという名の勇者

ホールドアップ事件以来、通訳のデブとガイドのウェインフェンがビビりにビビってしまって、使い物にならなくなってしまった。撮影どころか、移動すらできない。私の味方となってくれそうなのはドライバーのヴァンスしかいないのだが、ヴァンスはフランス語しか話せない。言葉の壁がある。どうしたものかと悩んでいると、ヴァンスは私と目が合うなり「Nagi! Let's Go!」とウインクを投げてきた。

（やっぱ違うね！　怖いもの知らずの男は！）

カメルーンからヴァンスとは一緒だったが、挨拶以外交わしたことがなかった。だが、よくよく考えてみると運転もできるし、何よりも怖いもの知らずの性格の彼は、私にとっては心強いパートナーではないだろうか。

もし、外で捕まってしまった場合、私もヴァンスもアラビア語はしゃべれないということだけが唯一の不安だったのだが、悩んでいてもしかたがない。私とヴァンスはデブとウェインフェンを宿に置いて、出発した。

ヴァンスは知らない土地にもかかわらず、勘を働かせながら車を走らせては小さな集落を見つけるたびに立ち寄って、モデルを真剣に探してくれた。彼はこれまでの私とウェインフェンのやりとりをシッカリと見ていたのだろう。ヴァンスは私がどんな人をモデルとして探しているのかをよく理解してくれていた。むしろ、ウェインフェンよりもわかってくれていたのではないだろうか。そんな彼のすぐれた理解力のおかげで、私とヴァンスは共通の言語がなくとも、撮影準備を順調に進めることができた。

しかし、私とヴァンスの間に問題がなくとも、モデルと交渉する術がなかった。ウェインフェンやデブがいればモデルに撮影料の交渉ができるのだが、彼らの言語もわからなければ、アラビア語すらわからない私たちはお手上げ状態だった。

それでも懲りずにヴァンスは紙幣をチラつかせながら、私のカメラを指さして「フォト！フォト！」と、満面の笑みを振りまいて、一所懸命交渉してくれた。そのおかげで、私はキレイな三つ編みが特徴的な少数民族の女性の姿を写真におさめることができた。

もちろん、通訳のデブがいなかったから、私は彼女たちの名前や文化などの情報は何ひとつ手に入れることはできなかったけれど、ネットにも載っていない貴重な少数民族の彼女たちに出会うことができたことは一生の思い出となった。

ありがとう、勇者ヴァンスよ。

アフリカンパスタ

アフリカに来て毎回思うのだが、なぜ、こんなにもパスタがまずいのだろうか。まずいとわかっているのなら注文しなきゃいいだけの話なんだが、あまりにも想像を斜め上に上回るパスタが出てくるので、怖いもの見たさでついつい頼んでしまう。今回も、カメルーンやチャドで私たち日本人の〝パスタ〟という概念を大きく覆すパスタと出会ったので、アフリカのパスタとやらを少し紹介したいと思う。

【初級編】素パスタ

エチオピアの某レストランのメニューに〝Spaghetti with tomato and meat sauce〟と書いてあったので、私はボロネーゼ風のパスタが出てくるものだと予想して注文した。しかし、15分くらいたって私の目の前に出てきたのは、ただの素パスタ。しかも、てんこ盛りの。いちおう、ウエイターに「私が頼んだのはトマトミートソースのパスタだけど?」と言ったら、なんて返事が返ってきたと思います?

「ソースを作るトマトと肉がありませんでした」

三つ編みの民族の女性

しかも、その後、塩を別皿に入れてボンッと出してきたんですよ。塩で食えと。もう、オーダーを受けた時点で、材料がないならないって言ってくれよ。しかも、ソースなしなのに平気で正規料金を請求してきたからね。やってくれるぜ、エチオピア。

ちなみに、エチオピアで〝カルボナーラ〟を注文すると、99パーセントの確率でソーメンチャンプルー化した麺類が出てくる。

【中級編】チャパティ

カメルーンでガイドのウェインフェンに「パスタ好きか?」と聞かれて、好きだと答えたら「ツナは食えるか? おいしいツナパスタあるから食わせてやるな」と、おいしいツナパスタが食べられるお店に連れて行ってもらった。

ローカルな定食屋さんみたいなお店で、どんなおいしいパスタが食べられるのだろうとワクワクしていたのだが、店員さんが運んできたのは、どう見ても皿の上に載ったチャパティ。

(※チャパティとは……インドから中近東にかけて食される平焼きのパン。小麦粉に塩を加えて、発酵させずに円盤状にして鉄板で焼いたもの)

「たぶん、他の人の注文と間違えてるよ。私はチャパティ頼んでないよ」と、私が声をかけると、ウエイターはチャパティを指さしながら「おまえのオーダーしたやつだ」と言う。それでも私が「違う! 私が頼んだのはツナパスタ!」と言い返すと、今度はウェインフェンとウェイターが「もしかして、おまえはパスタを知らないのか!?」と言い出すではないか。

（パスタくらい知ってるわ！　ウチのパパ、イタリアンのシェフだわ！　コイツら何言ってんの？）と思いながら、皿に載っかったチャパティをペロッとめくってみると……ん？　何かがおかしい。これはチャパティじゃない。

よーく見てみると、細いスパゲッティがめっちゃ細かくみじん切りされて、薄く押しつぶされて焼かれていた。私は初めて両面カリッカリに焼かれているパスタというものを見た。

今まで私がパスタだと思って日本で食べていたパスタは、パスタじゃなかったのかもしれない。いったいあのおいしい麺は、なんという食べ物なのだろうか。私はパスタというものが、何なのかがわからなくなった。

【上級編】高級パスタ
ホールドアップ事件の前。チャドの小さな村に立ち寄ったとき、そこの長老が「パスタは好きですか？　たいしたものはふるまえませんが、幸いパスタならありますので、よかったら食べていってください」と、パスタをふるまってくれた。
パスタと聞いた時点で嫌な予感はしていたのだけれども、チャドの田舎でまさかパスタなんて言葉を聞くとは思いもしなかったし、彼らにとってパスタというのは高級品にあたる。きっと長老なりの〝最上級のおもてなし〟なのだろうと、私はそのご厚意に甘えた。

しかし、出てきたパスタは、金ダライにもっさりと盛られた素パスタだった。

彼らがせっかくもてなしてくれているのに、とんでもないパスタが出てきて食べることができなかったらどうしようかと不安で構えていたのだが、素パスタならエチオピアで経験ずみだ。塩さえあれば食べられないものではない。

とりあえず、最初っから塩をかけて食べるのは感じが悪いので、村人の視線が集まる中、私は素パスタをそのままほおばってみせた。が、次の瞬間、なぜか涙が出た。ノドの奥がケポっとした。

激甘なんだもん。砂糖パスタなんだもん。

素パスタと見せかけて、まさかの砂糖パスタ。完全にやられた……。

アフリカでは砂糖は高級品だから、きっと彼らは彼らなりにパスタと砂糖で最上級のおもてなしをしてくれたんだと思う。でも、高級品の組み合わせを大きく間違えている。高級品を混ぜ合わせたからって、必ずしもおいしいものになるとはかぎらないんだ。

砂糖とパスタは絶対に混ぜちゃいけない。できることなら、彼らに正しい砂糖の使い方を教えたい……。素パスタもなかなかヒドイなと思っていたのだが、このときほど素パスタがマシに思えたことはない。だって、素パスタは小麦の味しかしないんだもん。甘くないだけマシだし、最悪塩さえかければ食べることはできるし、お腹は膨らむ。

今でもあの人知を超えた量のシュガーパスタを思い出すと、震えが止まらない。

11

ナミビア

2013年10月→

国名:ナミビア共和国

首都:ウィントフック

面積:82万4,000㎢(日本の約2.2倍)

人口:230万3,000人(2013年)

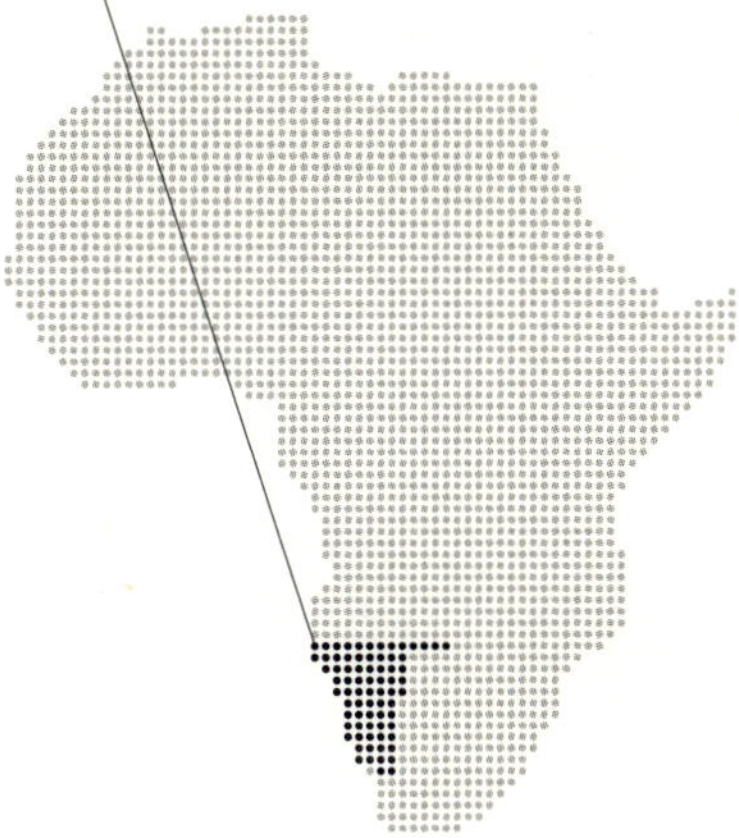

ヨーロッパとアフリカの雰囲気が混じった街並みが面白い。ナミビアでは、いろんな肉の種類を食べることができる(ワニとかキリンとかオリックスとか)。

戦慄！ウンコ飛ばし！

ナミビアには美しき裸族「ヒンバ」に会いに来た。ガイドのレスリーとそのヒンバ族のもとへ向かう途中で、数多くいる他の民族にも会いながら目的地まで向かうことにした。

私がナミビアで一番最初に出会った少数民族は、ブッシュマン（現在では、サン族と呼ばれている）。噂には聞いていたんだけども、まさかこんなアジア寄りのお顔をしていらっしゃるとはー！ちょっと親近感。

お互い簡単な自己紹介をし合ったところ、年齢が近いことを知った（これは仲よくなれるかもしれない）。ただ、どうやったら仲よくなれるかがわからない。ここはとりあえず「ブッシュマンの遊び教えてよ！」と、相手に流れを任せてみる。

すると、彼らは少し考える素振りを見せたあと、何かを拾いに行った。そして、彼らは自分たちが拾ってきた黒いマメらしきものを私に渡してこう言った。

「ナギ、これを口に含んで、いちばん遠くに吹き飛ばした人が勝ちだよ」

このマメを口で飛ばせばいいのね！　シンプルなゲームじゃない！　それなら私にもできる！

マメを口にほおばりつつ、「ところで、このマメ粒は何？」と、素朴な質問を彼らにぶつけると、

「オリックスのウンコだよ」

とブッシュマン。

「オリックスのウンコだよ、じゃないよ！　なんでそんなにケロっとしてんの。いくら乾燥したウンコとはいえ、ウンコだよ。動物のウンコを口に入れるなんて、日本の文化にゃないよ」

乾燥ウンコを口に入れて飛ばすというゲームには非常に驚いたが、彼らは彼らで「なぜナギは、オリックスのウンコを口に含むということに、こんなにも驚いているのか？」と、非常に驚いていた。

でも、せっかくブッシュマンが自分たちの遊びを教えてくれたのだから、やらなくては……。

ブッシュマンと横一列に並び、オリックスの乾燥ウンコを口に含み、スタンバイ完了。そして、5人で勢いよくプゥウウウウウウウッと、オリックスウンコを吹き飛ばす！

言うまでもなく、私が最下位。全然飛ばない。

だけど、ブッシュマンたちはまったく飛ばずに落下した私のウンコに大笑いした。これを機に、ブッシュマンと私の距離が急速に縮まった。ウンコで人と人との距離をここまで縮めたのは、初めての経験だった。


そして、最後に私はブッシュマンにこう尋ねた。

「あのゲームで飛ばすものは、オリックスの乾燥ウンコである必要があるのか？　べつに乾燥ウンコ以外でもいいんじゃないか?」と。

ブッシュマンたちは少し考えたあと、こう答えた。


「オリックスのウンコがベターなんだ」

今度彼らに会いに行ったときは、何と比べてどこがどうベターなのかを聞き出してみようと思う。

貧乳、国境を越える

「ヒンバ族と会ったら、彼女たちと同じ格好がしたいの! だから、彼女たちに会えたら、しっかり通訳してね!」と、毎日のように通訳のレスリーに話しかけていたら、彼からこんな話があった。

「ナギが興味あるのはヒンバだけ? もし、他の裸族にも興味あるなら、ここから数十キロ圏内に裸で生活しているダマラ族がいるけど」

うわー、めっちゃ会いたい! ものすっんごく会いたい!! ダマラ族はみんな服を着て普通に生活してる人たちだとばっかり思っていたけど、まだいたなんて! さすが、できる男レスリー! しっかり情報持ってるー!

ということで、ヒンバを後回しにして、裸での生活を貫いてる噂のダマラ族に会いに行くことにした。

ブッシュマン（サン族）/ ダマラ族の女性とヨシダナギ

ダマラ族も最初はカメルーンのコマ族みたいに、社交辞令のおもてなし風の空気感を漂わせてくるんだろうなと構えていたのだが……様子が少し違った。ダマラ族の女性たちは私に警戒することもなく、私の姿を見るなり笑顔で髪の毛や体に触れてきた。どうやら彼女たちも私に興味を持ってくれている様子。

（これはすぐに仲よくなれる気がする！）

私はさっそくレスリーに、自分が幼少期からアフリカの少数民族に憧れていたこと、彼らと同じ格好をすることが夢であったことを伝え、その思いをダマラ族の女性たちに伝えてもらった。レスリーから私の話を聞いた彼女たちは「ウソッ!?　私たちのスタイルに憧れてたって本当なの!?」と、興奮していた。そして、彼女たちは飛び跳ねながら、みんなで私の手を引いてリーダーのもとへと導いてくれた。最初はちょっぴり険しい顔をしていたリーダーも、事情を説明すると笑顔でＯＫしてくれた。

リーダーから許可を得た私は、彼女たちの熱い視線を浴びながら服脱いでー、革の腰巻をぐるっと巻いてもらってー、顔に日焼けどめの赤土を適当に塗ってもらってー、完成！　コマ族のように、着替えたあとは即ダンスが始まる。リズム感が悪い私は、この手のダンスが苦手。でも、彼女たちのテンションがすさまじく高かったせいか、踊りうんぬんではなく、陽気な彼女たちと一緒に時間を過ごしていることが、非常に楽しかった。

3曲くらい踊ったあと、彼女たちと一緒に記念撮影することになったのだが、レスリーにアイフォンを渡してシャッターを押してもらっていると、突然、レスリーが「ナギ！　胸！　胸！」と、大きな声で笑い始めた。

（どーいうこと？　胸は最初からさらしてるし、写真に写り過ぎってこと？）と、考えながら胸に意識をやると、ヨシダの後ろのおねえちゃんが、思いっきりヨシダの乳を触っているではないか！

私がビックリして後ろのおねえちゃんの顔を見ると

「ナギのおっぱい、小ぶり」


と彼女はつぶやいた。すると、他のダマラ族のおねえちゃんたちは大爆笑。ちゃっかりレスリーも笑っていた。

確かに私は貧乳だし、彼女たちといると、なおさら貧乳に思えてくる。しかーし、私の貧乳が国境を越えた笑いとなったのならば、それはもう光栄でございます。

そして、最後に彼女たちは私にこんな話をしてくれた。

「今、ダマラ族の多くの人たちは〝裸は恥ずかしい〟と思い始めていて、私たちみたいに裸で生活を続けている人たちは、かなり少なくなってきている。服を着ることはけっして悪いことではないし、貧乏だから裸で生活しているわけでもない。純粋に私たちは自分たちの文化を誇りに思っているから、この文化はこれから先もずっと守っていきたいと思っている。だからナギが日本に帰ったら、私たちのような人間がまだいるってことを伝えてほしい」と。

私ができることと言えば、ここに綴ることとくらいしかないけれど、しっかり伝えさせてもらったよ。文化を守り続けているダマラ族の女性たちと、私の貧乳のことも。

人種や言語、文化が大きく違っても、ちょっとしたキッカケさえあれば一緒にはしゃぐこともできるし、笑いあえる！　ということを、私は改めてダマラ族の彼女たちから教えてもらった。コマ族に続いて、私の夢をかなえてくれた彼女たちの文化が、今後も引き継がれていくことを願っている。

誇り高きヒンバ族

数多くのヒンバ族が暮らすオプヲという地区に向かう途中のことだった。

「ナギ！　ヒンバだ！　ヒンバがいるぞ！」と、レスリーが突然大声を出した。

（まだヒンバが住むエリアじゃないじゃん？）と思いながらも車の外を見ると、本当にヒンバの集団がいた。

とりあえず、車を降りてヒンバに挨拶をしたのだが、生で見るヒンバのカッコよさと言ったら半端じゃない。〝凛《りん》とした〟という言葉がふさわしい人たちだった。素材のいい彼女たちを見て、私は絶対にイイ写真が撮れると思ったのだが、そう簡単にはいかなかった。

ヒンバ族の親子

私はアフリカ人の大らかな表情と笑顔が好き。だから毎回ガイドたちの力を借りながらコミュニケーションをとって、彼らの自然な笑顔や表情を撮ってきたのだが……ヒンバは笑わない！　彼女たちの表情は、これっぽっちも緩む気配がない。もちろん、彼女たちの凛とした姿もすばらしくカッコイイ。それはそれで撮りたいし、撮らせてもらいたい。

でも、彼女たちの写真をネットで見ていても思うんだけど、ヒンバの穏やかな表情の写真というのは圧倒的に少ない。だから、今回はヒンバの穏やかな表情を撮りたくて、ナミビアに来た。しかし、彼女たちは全然笑ってくれない。これさえやれば9割のアフリカ人が笑ってくれるというネタでさえも、ヒンバ族はピクリとも反応してくれない。

あまりのヒンバの反応の悪さに、自信を失って黙りこくる私に、レスリーは気をつかってくれたのだろう。レスリーが「お願いだから少し笑ってくれないかな？」と、切実に交渉し始めたのだ。

しかし、相手は誇り高きヒンバ族。そう簡単には笑わない。出会ってから一度も笑顔を見せてくれない彼女たちにショックを受けていると、ひとりの女性が「基本的に私たちは誰かに笑顔を見せるっていう習慣はないのよ。だから笑い慣れてないし、ましてや、カメラに向かって笑うなんてできないわ」と、教えてくれた。（※もちろん個人差はあります）

ひー。笑う文化がないなら笑えないわな。そりゃ、ネットでも笑顔の写真が少ないわけだ。とりあえず、この場は彼女たちの凛とした姿を撮らせてもらったのだが、撮影中、何度も通訳のレスリーが「ヒンバはこんな感じだけど、明日以降、ナギは大丈夫か？　撮りたい写真は撮れそうか？　ヒンバの中に入っていけそうか？」と声をかけてきた。私は〝何とかなるだろう〟と思っていたのだが、真面目な性格のレスリーはヒンバの笑顔が引き出せなかったことに対して、とても落ち込んでいる様子だった。

「大丈夫だって、レスリー。なんとかなるって！」

落ち込むレスリーに私は声をかけた。

——翌日。

昨日の出来事をレスリーはまだ引きずっているらしく、テンションが異様に低い。そんな彼のために車での移動中、彼の大好きなノリノリの曲を流した。不思議とアフリカ人という人種は、落ち込んでいても自分の好きな曲が流れると、体を揺らしてリズムをとって、最終的には踊り始める。真面目なレスリーも音楽の魔力には負けたのか、アッパーチューンの2曲目がかかるころにはノリノリになっていた。

車を走らせること1時間。ヒンバ族の集落にたどり着いた。

リーダーに挨拶をすませ、滞在許可と撮影許可を取っているうちに、ぞろぞろとヒンバの女性たちが集まり出した。今日も前日同様、彼女たちの表情はかたい。

ヒンバ族とヨシダナギ

もう、これは脱ぐっきゃない。もうそれが一番手っ取り早い。さっそくレスリーに「今、ココで脱ぐから彼女たちに話をしてみてくれない?」と伝えると「えっ!?! 彼女たちとまったく距離が縮まってないのに、今脱ぐの?」と、ネガティヴな反応。「何を言ってるんだ、レスリー。仲よくなってから脱ぐんじゃない。私は仲よくなるために脱ぐんだ」と、伝えると彼は(こんな状況で脱いでも、ヒンバは絶対に笑わないからな!)と言いたげな表情を露骨に浮かべながら、渋々と彼女たちと交渉を始めた。

交渉の途中、突然ヒンバの女性が私の手をガチッと掴んで、こう尋ねてきた。

「本気で言ってんの? なんで私たちと同じ格好がしたいわけ?」

(もー、本気だってばー!!)

私がレスリーを通して、自分の幼少期からのアフリカ人への思いを伝えると、これまで何ひとつ表情を浮かべることのなかった彼女たちの顔が、徐々にゆるみ始めた。そして彼女たちは「ナギー、ナギー、ナギー♫」と手を叩いてリズムをとりながら、自分たちの家の中に私を招き入れてくれた。

(ヤッター! 私もヒンバになれるー!)

彼女たちに囲まれながら、私はニヤニヤしながら服を脱いだ。私が裸になると、彼女たちは歌いながら、水で溶いた赤土を顔↓上半身↓足に大胆に塗りたくってくれた。そして、足のつけ根のけっこうきわどい場所までガシガシと塗り込んでくれた。むしろ、そのきわどいエリアを念入りに彼女たちは塗りつぶしていた。

着々と私がヒンバへと変身している最中、外からレスリーの大きな声が聞こえた。「脱ぐのはかまわないけど、赤土は落ちないから絶対に塗んなよ!! 帰りもその体で車に乗るんだからなー!」

ひー。もう手遅れだよー! もう、めっちゃ赤土塗りたくられちゃったよ! というか、赤土塗んなきゃヒンバじゃない。私はレスリーの忠告を無視して、とりあえず、カメラを握る手以外は赤土をベッタリ塗りたくってもらった。そして、体が赤土で染まると、彼女たちは腰布とベルトとアクセサリーをつけてくれた。私は彼らのような〝裸族〟と呼ばれる人たちの衣装は基本的に軽いものだと思っていたのだが、ヒンバ族の衣装は重たい。こんなに重たいものを、彼女たちは24時間つけて生活しているのかと思うと驚いた。

私がヒンバの衣装をフル装備で外へ出ると「Oh my god!」という声が聞こえた。

(誰だ? レスリーか? いや、レスリーの声じゃない)

私がおそるおそる振り返ると、白人の観光客がいた。どうやら私の姿に驚いたらしく「あのクレイジーな子は、どこの国の人間だ?」という会話が聞こえてくる。まあ、まさか、日本人だなんて思ってもいないだろう。とりあえず、欧米人にかまってる時間はないので、私はヒンバになった記念に彼女たちと記念写真を撮ってもらおうとレスリーを探すと、頭を抱えてあきれているレスリーがいた。彼は赤く染まった私を見て「赤土は塗るなってさんざん言ったのに……」と、深くため息をついていた。

まあね、そりゃ嫌だよね。赤土まみれの女を車に乗せるの。レスリーとしては、たまったもんじゃないよね。でも、レスリー、車は汚れちゃうけど、あの笑わないヒンバたちが、ヒンバになった私を見てめっちゃ笑ってるよ！　ヒンバの穏やかな表情を引き出すことに成功したんだよ！

車の件は、頼む！　見逃してくれ！

その後、私は彼女たちの撮影をして、ホテルのシャワー室へと直行したのだが……レスリーの言っていたとおり、赤土がまったく落ちない。日本から持って行ったナイロンのタオルでゴシゴシ洗っているのに、毛穴の中に細かい赤土が入り込んじゃって落ちやしない。焦げついた鍋を洗うよりも強い力で4回洗ったのだが、それでも落ちきらず、体がヒリヒリになってギブアップした。

翌朝起きると、私のベッドは赤く汚れていた。結局、その体の汚れは４日間落ちなかった。

12

タンザニア

2014年4月→

国名:タンザニア連合共和国
首都:ドドマ(法律上の首都)
面積:94万5,000㎢(日本の約2.5倍)
人口:5,182万人(2014年)

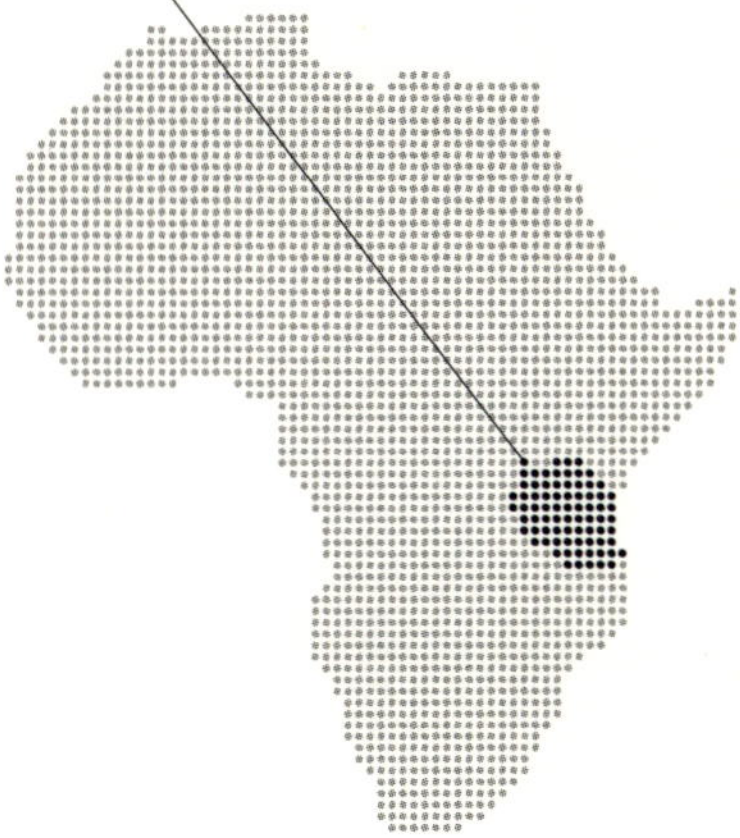

THEアフリカ人!
って人たちと
たくさん出会える。

マサイときどきアモス

初日、首都で現地ガイドのアモスと合流。

その夜、いつもなら絶対に行かないのに、そのときはアモスに誘われるがままにBARへ行った。そこで、アフリカを旅していた中でもトップクラスに嬉しいことがあった。

カウンターでたむろしていた、都市部に住んでいるいわゆるシティマサイたちに「おまえ、どっから来たの？」と、話しかけられた。私が日本人だとわかると「おお、そういえばオレら、すんげークレイジーな日本人知ってるぜ！　おまえと同じくらいの年齢の女の子だと思うよ」と、フェイスブックでナミビアのヒンバ族と一緒に脱いだ日本人の写真を見たという話を聞かされた。彼らは続けて「これって、オレらアフリカ人へのリスペクトだろ？　オレら、スンゲーこいつのことリスペクトしてんだ」と言った。

この話を聞いて（もしや……）と思い、携帯電話に入ってる私とヒンバ族の写真を見せると「これ、おまえだったのか!?　超リスペクトしてんぜ！　マジで！」と、幼少期にテレビで見て憧れたマサイたちが、海を越えてフェイスブックという現代のツールで私を知ってくれていたことに、すさまじく感激したと同時に、〝懲りずにアフリカに来てよかった！〟と思った。

そんな人生最高の体験から始まった旅も、このアモスというガイドのために台無しになることになる。彼との出会いはフェイスブックだった。私がコマ族と初めて脱いだときの画像がSNSでアフリカにも届いたときに「素敵な活動してるね」とメッセージをもらったことがキッカケだった。「ガイドをやっているから、こっちに来るときは声をかけてね」と言われていたので、今回タンザニアに行く際に連絡をしたのだが、アモスが提示してきた金額は最安値の見積もりを出してくれたところの2・5倍の金額だったため、一度は断ったのだが「どうしてもナギと一緒に行きたい」と言われて、最安値のところと同じ金額にしてくれた。

この時点で「一緒に行きたい」という言葉に少し違和感を覚えたのだが、これもひとつの縁だと思ってアモスに決めた。

そして、このアモスが引き金となってトラブルが立て続けに起こることになる。

私が向かったエリアはタンザニアの治安のいいエリアではなかったせいか、首都を出発して3日連続で車のパーツを3つ盗まれてしまった。これだけでアモスは1300ドル以上の出費である(私が支払ったツアー料金は1700ドル)。

もらった見積もりにはホテル代も夕食代もすべて含まれていたはずだが、アモスはパーツを盗まれてそれを買い直すことを考えたら財政が厳しくなったのだろう。「ホテル代は当初から含んでいない。ナギが払うんだ。夕食代もナギ持ちだ」と言い始め、私も「見積もりには絶対に入っていた」と交渉したのだが「何かの間違いだ」とアフリカ流の根も葉もない言い訳で、結局私が払うハメになってしまった。でも、車のパーツの盗難を考えると（これくらいは自分が負担してあげてもいいのかな）と、思っていた。

ATMもない所で、パーツを盗まれ代わりのパーツを買い揃えたため、手持ちがなくなってしまったアモスから、空《から》の財布を見せられて「お金ある？　貸してくれない？　返すから」と言ってきたが、私もUSドル以外の現金がなく「現地通貨はない」と断った。

その翌日、おかしなことが起きる。

ATMにも寄っていないのに、なぜかアモスの財布がかなりの札束で満たされていた。おかしいなと思ったのだが、そのときは特別気にかけていなかった。

ンゴロンゴロクレーターに行き、さっそくマサイの撮影に入った。噂でさんざん、ワイルドさは失われていると聞いていたのだが、やはりアフリカのマサイの歌はすごかった。生まれて初めて、歌を聞いて震えた。しかし、撮影交渉をしてみると、まー、観光ビジネス化されていてグロス価格のみの提示だった。そして他の少数民族の撮影費の相場に比べてべらぼうに高い。しかも、融通が利かない。

そこで、私の最終手段に出た。マサイママに頼んで、彼らの民族衣装に着替えさせてもらったのだ。そうすると集落全体が大歓迎ムードになった。価格は安くならなかったものの、一緒に移動して撮影してくれるなどの融通は多少利くようになった。

戦士になるための割礼を受けに行くマサイ族の少年 / マサイ族とヨシダナギ

しかし、やはりマサイの誇りはガンとして変わることはなく、撮影中にポーズや位置の指示をしても「は？　おまえ、誰に指示してんの？　オレ、マサイなんだけど？」と、NYのB-BOYばりのこだわりで突っぱねられた。が、過去の経験からアフリカ人の転がし方を少しずつ覚えてきた私は、自分の求めるいい写真を撮ることに成功した。

そして、その満足感を胸に首都へと戻り、翌日からエチオピアのスリ族の撮影に向かう予定だった。その帰りの道中、隠し持っていたスリ族撮影用の費用を念のため確認しようとホテルで封筒をあけたときに、事件は発覚した。

4000ドルあったはずの現金が、1400ドルしかなくなっており、2600ドル抜かれていることに気づいたのだ。そしてその犯人は、完璧アイツしかいない。なんの縁もゆかりもないアフリカ人が犯人なら、間違いなく封筒ごと盗る。逆に中途半端に残したことで、犯人はすぐに特定できた。

アモスは、根は悪いヤツではない。体はデカイけど中身は意外と小心者の男だ。アモスは、私がこのタンザニアの後にエチオピアへ行くことは知っていた。だからこそ、全額盗ることはできなかったのだろう。が、ガッツリ半分以上いってるうえに、金額が全然かわいくない。盗まれた車のパーツ1300ドルをとっても余りある金額を盗りやがった。道中のホテル代や食事代は私が払っていたのに。そして、あのATMもない田舎で現金がなかったはずなのにアモスの財布に大金が入っていたことなど、すべてがつながっていった。

ただ、盗ったところは実際に見ていないので「盗んだだろ」と責めても、「盗ってない」と言われるだろうし、警察に行っても盗られたお金が返ってくるわけでもない。とりあえず、私には残された時間が少ないので、アモスに「私は知っているぞ、おまえの行いを」ということだけを伝えたくて、フェイスブックでアモスが見ていることを前提に「2000ドル以上盗まれた。誰とは言わないけれど、私はもう犯人がわかっている」と、つぶやいておいた。

翌朝、普段なら私が朝食を食べているところに乱入してきてガッツリごはんを食べるアモスが、なかなか来ない。ウエイターに「フロントに、あなたのガイドがずっとウロウロしてますよ」と言われて、連れて来るように言うと、青ざめたアモスが現われた。

「ナギのポストを見てから何も喉を通らないし、眠れないんだ……ストレスでお腹こわしちゃって、朝から大変なんだ。でも、僕じゃないよ。本当に僕じゃない。犯人はひどいね。どのタイミングでいつ盗んだのか僕にはサッパリわからない」と、私が何も聞いてもしゃべってもいないのに、ひとりでしゃべり出す。しゃべればしゃべるほどボロが出てくる。私が終始無言でごはんを食べていると「本来、ホテル代とか食事代はツアー代に入ってないけど、僕がココは出すから気にしないで」と恩着せがましいことを言い出した。

そして、首都にはアモスお気に入りの少し高級なカフェがあるのだが、無言を貫く私に「(そのカフェで)ごちそうするよ。好きなだけ何か食べて機嫌直して」と、機嫌をとろうとしてきたので、私はメニューの中で一番高い2000円くらいのパフェと、1000円くらいのバナナシェイクを注

マサイ族の親戚にあたるケニアのサンブル族

文して食い散らかしてやったのだが、私のもとにお金が返ってくることは二度となかった。

ヨシダコール

パフェとバナナシェイクを食い散らかして、私はアモスの車で空港へ向かった。

私の金をかっさらったくせに、アモスは別れ際、無理やりチューしようとしてきた。

（他人の金でおごったパフェとバナナシェイクで許してもらえたと思うんじゃやねぇ！）

私はアモスを振りきって、チェックインカウンターへと走った。

カウンターでパスポートを出すと、スタッフのおにいちゃんが「ヨ・シ・ダ？」と、苗字の読み方を確認してきた。私が「イエス！　ヨシダ！」と笑顔で返すと「オー！　ヨシダー！　アイ・ライク・ヨシダ！　ナイス・サウンド！」と、なぜか妙に苗字の音を気に入られた。終始、おにいちゃんは独り言のように〝ヨシダ♫〟とつぶやいてご機嫌だった。スムーズに搭乗券が発券されると、彼は少し名残り惜しそうに「バイバイ、ヨシダァ……グッド・ラック！」と、見送ってくれた。

そして、私が搭乗券を片手に搭乗ゲートへ向かおうと歩き始めた瞬間、その声は背後から聞こえた。


「ヨーシーダ！　ヨーシーダ！　ヨシダ！

ヨシダー！」

振り返ると、そこにはチェックインしてくれたおにいちゃんがなぜか椅子の上に立って、ガッツポーズをしながら私に〝ヨシダコール〟を送ってくれていた。私が両手をあげて「バイバーイ」と手を振って歩き出すと、今度は周りの空港職員までもが「ヨーシーダー！　ヨーシーダー！」と、ヨシダコールを送り始めた。周りにいた外国人旅行者たちは何事かと思ったはずだ。だって、私はとくに何も成し遂げていないのに、まるでスーパースターのように盛大なコールに包まれていたんだもの。

そんな陽気な空港職員たちから盛大にヨシダコールで見送ってもらった私は、搭乗ゲートの前の椅子に座って飛行機が来るのをおとなしく待っていた。すると、ひとりの空港職員のおにいちゃんが「搭乗券見せて」と近寄ってきた。黙って搭乗券を出すと、ここでもまた「ヨシダ？」と苗字の読み方を確認され、私がコクリとうなずくと「オッケー、ヨシダ！　飛行機が来たら一番におまえを乗せてやるからな！　飛行機来たら教えてやるから、それまでユックリ座ってな♫」と、言われた。私はビジネスクラスでもなければ、優先待遇を受けるチケットでも何でもない。なのに、なんでこんなに気にかけてもらえるのだろうか。そんなにヨシダというサウンドは、魅惑の響きをもつ苗字なのだろうか。

あまりの彼らのヨシダびいきに少々とまどいつつも（陽気なヤツらが多い空港だなあ）と、ウトウトしながら私は飛行機を待っていた。すると、突然アナウンスが流れた。そのアナウンスに耳を傾けていると、どうやら私の名前が呼ばれているようだった。さっき話しかけてくれたおにいちゃんに「ヨシダ、おまえ呼ばれてんぞ♫　気をつけて行って来い」と送り出され、私は呼び出された場所へと向かおうとしたのだが、そこはすでに通過したチェックインカウンターを通ってもどらなければならない場所だった。

私がカウンターを逆行して通り過ぎると、チェックインを担当したヨシダコール発起人のおにいちゃんが「どうした、ヨシダ？　何か問題が起こったのか？　大丈夫か!?　オレの助けがいるか？」と、大げさなくらい心配して声をかけてくれた。「ヨシダは大丈夫！」と返事をしつつ、呼ばれた場所に行ってみると、どうやら私のカメラのバッテリーが荷物検査で引っかかったらしい。バッグからバッテリーを取り除くと、検査はすぐに終わった。そして、またチェックインカウンターの前を通ると案の定、再びヨシダコールが巻き起こる。もうこのときには苗字コールへの対応が、ハリウッドスターばりにこなせるようになっている自分がいた。二度目のヨシダコールを背中に浴びながら、悠々と搭乗ゲートへと向かった。

それから少しして飛行機が到着すると、コール発起人ではないほうのおにいちゃんが「ヨシダー！　ヨシダー！」と大声で手招きし始め「一番に乗るのはヨシダだ」と、私を先頭に並ばせてくれた。搭乗が始まると、ビジネスクラスの搭乗客からも「最初に乗るのはヨシダよ」と、よくわからないお言葉をいただき、最終的に私はなぜか空港職員と搭乗客全員からの三度目のヨシダコールを受けながら飛行機へと乗り込むことになった。
いったい、タンザニアの空港のヨシダびいきはなんだったのだろう。

「Yoshida will be back!」

アフリカ人からのメッセージ

危うく大切なことを書き忘れるところだった。改めてそのことをみなさんに伝えたいので、面白味はないけど、ぜひ一度読んでほしいと思います。

私は日本でも「なぜ、アフリカに行くのか？」と聞かれるのだが、アフリカでも現地の人からたびたび「あなたはなぜ、アフリカなんかに来たの？　ひとりで怖くないの？」と聞かれる。

そのたびに、私はこう答える。

「もし、本当に怖い、危ないと感じていたら、私はここにいません。私は小さいころから、肌の黒いあなたたちのようなアフリカ人に憧れを抱いていました。だから、私はあなたたちに会いにここに来ています」と。

そう答えると、必ず珍しがられる。

そして、必ずと言っていいほど、次はこんな言葉が返ってくる。

「アフリカに来たことがないヤツが大半なのに、なぜアフリカ＝危ないと言われるんだろう？」

彼らの疑問はよくわかる。私も彼らと同じ疑問を抱いているからだ。

私自身も「またアフリカ行ってくる」という話を誰かにするたびに「危ないからやめなよ」と言われる。「じゃあ、私が今から行く国に行ったことあるの？」と聞くと、大半が「ないけど、よくニュースとかで危ないって言ってるし……」といった言葉がズラズラと返ってくる。

日本人は、噂やニュース、自分の目で確かめてもいない情報にとらわれ過ぎていると思う。

「アフリカ全土が危ない」なんてニュースは、絶対にやっていない。残念なことに、今も情勢が安定しない国があるのは確かだし、過去に私が訪れてきた国の中にも、今現在は渡航できなくなってしまっている国もある。でも、それは54カ国あるアフリカのほんの一部の国だけ。

なのに、ほんのわずかな国の出来事を、私たちは〝アフリカ〟というあたかもひとつの〝アフリカ国〟で起こっていることとして、見てしまう。

マリのバンバラ族の女性からこう言われた。

「私たちは、お金はあまり持ってません。だけど、私たちは毎日幸せです。遠いアフリカの国々には、私たちのような人間がたくさんいるということを知ってください。そして、忘れないでください」と。

この話を聞いたとき、「大丈夫。あなたたちを見ていればそれはわかるよ。私にはちゃんと伝わってるから大丈夫だよ」と、返した。そうすると、彼女はとても嬉しそうに満足げな表情を浮かべてくれた。

正直、私には彼らの国や人間ひとりひとりの歴史はわからないけれど、彼らの力強い目を見ていれば、彼らがどれだけ充実した日々を送っているのかがよく伝わってくる。とにかくアフリカ人は、お金や名誉などの富とは違う、お金では買えない富を持っている人が多い。しかし、これは遠く離れた日本人にはなかなか伝わらないことなんだと思った。

私は少しでも〝アフリカ=危ない〟という偏見を抱いている人が減って、ひとりでも多くの日本人が、アフリカという大地に興味を持って足を踏み入れてくれることを、心の底から願っている。だって、その地は、日本にはない〝何か〟がたくさん埋もれている魅力あふれる国々だから。

おわりに

今思い返してみると、ひとりで初めてアフリカへ行ったのは6年前だった。アフリカに飛ぶまでは、まったくと言っていいほど英語なんてしゃべれなかった。性格だってけっして社交的なほうではないし、どちらかというと人見知りが激しくて、友達の少ない内向的なタイプだった。それでいて、ひとりでは何もできない気弱な私は、ヒキコモリ気質でよっぽどの用事がないかぎり、家の外へ出かけることはなかった。

16歳で初めて飛行機（国内線）に乗ったときは、あまりの恐怖に泣きじゃくった。そのうえ、空酔いというものを初体験した私は、機内で泣きながら吐いて苦しい思いをした。このとき、（海外旅行なんてバカがすることだ）と思ったことを、今でも鮮明に覚えている。

そんな私にとって、アフリカという地は憧れであるのと同時に、とても現実離れした場所だった。だから、まさか自分が数年後に飛行機に乗ってアフリカにひとりで行くなんて、これっぽっちも予想していなかったと思う。きっと、昔の自分が今の私を見たら、目をひんむくに違いない。

「行きたいけれど、英語が話せないからひとりで行くのが怖い」という不安が人並み以上にあったから、最初は英語がしゃべれる友人を誘ってみたのだが、〝航空券が高いうえに、怖い〟という理由で、あっけなく断られてしまった。

この時点で、アフリカ行きの夢は一度あきらめかけたのだが、（ハワイやアジア旅行と違って、一緒に行ける誰かを待ち続けていたら、今世でアフリカに行くことは不可能だ）という考えに辿り着いた。そして、それまでの不安よりも〝アフリカに行きたい！〟という思いのほうが上回ったとき、（どうせ英語がしゃべれない私は、現地で言葉の壁にぶつかって、これが最初で最後のアフリカひとり旅になるだろう。その一回くらい、思いっきり凹めばいいや）と、開き直ってエジプト＆エチオピアに１カ月間、旅に出た。

アフリカ大陸で過ごす時間は、想像していた以上のモノだった。人間、行ってしまえばなんとかなるもんだ。もちろん言葉の壁はたくさんあったが、ガイドのベイユーをはじめとして、私は出会う人たちに恵まれたのだと思う。英語ができないことをあれだけ心配していたのに〝英語なんてできなくても友達もできるし、なんとかなる！〟ということを現地で学んでしまった私は、もう楽しくてしかたがなかった。

帰国してからは、現地で出会った人とのメール交換のおかげで、少しずつではあるが、英語が読めるようになって、理解できるようになった。まだまだ知らない言葉はたくさんあるし、私の英語の発音が壊滅的で発音が悪かろうと、単語のボキャブラリーが少なかろうと〝ひとりでアフリカへ行けた〟という自信が私を変えてくれた。

もちろん、アフリカではいいことばかりが起きるわけではない。腹が立つことも、悲しくなることも多々起こったりするのだが、それ以上に面白おかしいことが日常的に起こる。そんなアフリカのおかげで、私の性格は少しずつ明るくなったし、強くもなった。あまり喜怒哀楽がなかった私が、アフリカで大笑いしたり、ときには泣きわめいたり、感情をむき出しにできるようになった。

初めてのアフリカ渡航から6年が経った今は、ありがたいことに仕事でもアフリカに行かせてもらうことができている。アフリカという大陸は、ヒキコモリで内向的だった私に〝フォトグラファー〟という仕事まで与えてくれたのだ。もうアフリカには恩しかない。

そんなアフリカは、今すごい勢いで発展し始めている。

少数民族の人口も年々減ってきてしまっている。彼らに魅せられた者としては、〝本来のままのカッコイイ姿のままでいてほしい〟というのが本音ではある。しかし、それはエゴだということはわかっている。だから、彼らが生活水準を上げたいと思えば、今の文化は自然と廃れていってしまうだろう。そのかわり、彼らの生活は今よりも便利になって、はるかに潤っていくだろう。

きっとこのままいけば何十年後、もしくは数年後には、私が憧れたヒーローたちは絶滅してしまうかもしれない。だから、彼らからフォトグラファーという職をもらった私が今できることは、彼らが消えていなくなってしまう前にひとつの記録として写真におさめ、外の世界に紹介しながら、彼ら自身がその姿を何かしらのカタチで保っていきたいと思えるよう伝え続けていくことなんじゃないかと思っている。
そして、なによりも私を変えてくれた、美しい真っ黒な肌で真っ白い歯をむき出しにして笑うあのアフリカ人たちに会いに、またアフリカへ帰りたいと思う。

2016年5月

ヨシダ ナギ

ヨシダ ナギ nagi yoshida

1986年生まれのフォトグラファー。

アフリカ人への強烈な憧れを幼少期から抱き、「大きくなったら自分もアフリカ人のような姿になれる」と信じて生きるが、10歳のときに自分が日本人だという現実を両親から突き付けられ、大きく挫折する。

独学で写真を学び、2009年より単身でアフリカに渡り、憧れの彼らの写真を撮りはじめる。アフリカの裸族とともに裸になったことや、その奔放な生き方や写真が評価され、さまざまなメディアで紹介される。2014年にはインド北部のナガ・サドゥ"Shiva Raj Giri"に弟子入りし、ヨガで鍛えた強靭なチンチンに乗せてもらえるまでになる。

現在はフォトグラファーとしてアフリカや途上国の秘境や僻地で写真を撮りながら、"アフリカ人の美しさ"や"アフリカの面白さ"を伝えるべく、講演会やコラム寄稿などの活動を積極的に行っている。

写真集に『SURI COLLECTION』(いろは出版)がある。

ヨシダ、裸《はだか》でアフリカをゆく

発行日　2016年5月30日　初版第1刷発行

著　者　ヨシダナギ

発行者　久保田榮一

発行所　株式会社 扶桑社
〒105-8070
東京都港区芝浦1-1-1　浜松町ビルディング
電話　03-6368-8885（編集）
03-6368-8891（郵便室）
URL www.fusosha.co.jp

印刷・製本　図書印刷株式会社

ISBN978-4-594-07484-5　Printed in Japan